AF358572

CATALOGUE
DES LIVRES
DE FEU MONSIEUR
DE BOUGAINVILLE,
DE L'ACADÉMIE ROYALE DES INSCRIPTIONS
ET BELLES-LETTRES, &c.

Dont la Vente se fera en détail, en la maniére accoutumée, au plus offrant & dernier enchérisseur, Lundy 8 Août 1763 : & jours suivans, depuis deux heures de relevée jusqu'au soir, en sa Maison; rue des Francs-Bourgeois, au Marais.

A PARIS,

Chez Guill. Franç. DE BURE *le Jeune*, Libraire, Quai des Augustins.

M. D. CC. LXIII.

NOTICE.

De quelques Livres qui se trouvent en nombre; chez GUILLAUME-FRANÇOIS DE BURE *le Jeune, Libraire, Quai des Augustins.*

Dictionnaire de la Bible, par le Pere Calmet. *Paris*, 1730, 4 *vol. in fol. fig.*

S. Cyrilli Hierosolymitani Opera, gr. & lat. ex editione Benedictinorum. *in fol.*

Calasio Concordantiæ Bibliorum Hebraicorum. *Londini*, 1747, 4 *vol. in fol.*

Histoire des Insectes, par M. de Réaumur. *Paris* 1734, 6 *vol. in 4. fig.*

L'Art de faire éclore des Poulets, par le même. 3 *vol. in 12. fig.*

L'Art de convertir le Fer en Acier, par le même. *in 4. fig.*

Rumphii Herbarium Amboinense. *Amstel.* 1741, 7 *vol. in fol.*

Rieger Introductio in notitiam rei Herbariæ. 4 *vol. in 4.*

Klein Tentamina Cochlæarum. *in 4. fig.*

Hughens Opera omnia Physica. *Amstel.* 4 *vol. in 4. fig.*

Burnetii Telluris Theoria sacra. *in 4. fig.*

Epicteti Enchiridion, gr. & lat. ex edit. Uptoni. *Londini*, 1741, 2 *vol. in 4.*

Du Cange Glossarium ad scriptores Mediæ & infimæ latinitatis. 6 *vol. in fol.*

Métamorphoses d'Ovide lat. franç. par l'Abbé Banier. 2 *vol. in 4. fig.*

Œuvres de Rousseau, de l'Abbé Séguy. 3 *vol. in 4. g. p.*

Cérémonies Religieuses, des peuples du monde, avec figures de B. Picart. *édit. de Hollande*, 11 *vol. in fol.*

Les mêmes Cérémonies. *De l'edit. de Paris*, 1741, 7 *vol. in fol. fig.*

Histoire Romaine du Pere Catrou. 21 *vol. in 4. fig.*

Th. Rymer Fœdera Conventiones & Acta Publica inter Reges. *Hag. Com.* 1739, 10 *vol. in fol.*

Histoire Militaire de Flandres, ou Campagnes de M. de Luxembourg. 3 *vol. in fol. fig.*

G. Cave Scriptorum Ecclesiasticorum hist. litteraria *Oxonii*, 1740, 2 *vol. in fol.*

Essais de Montaigne. *édition de Londres*, 1724, 3 *vol. in 4. g. p.*

Plutarchi Vitæ Virorum Illustrium, gr. & lat. ex edit. Bryani. *Londini*, 1729, 5 *vol. in 4. c. m.*

Bibliographie Instructive : ou Traité de la Connoif-
fance des Livres rares & singuliers ; avec des
remarques sur la rareté des Livres, & le choix des
éditions ; la maniére de distinguer celles qui font
contrefaites & mutilées, &c. . . . . . *avec une Table des
Autheurs, un systéme de Bibliographie, & un extrait
de la Bibliothéque du Roi. Paris*, 1763 , *vol. in 8.
de près de* 700 *pages.*

Ce Volume qui contient la partie de THÉOLOGIE,
se vend cinq livres en feuilles, & six livres relié.

*L'Ouvrage entier formera cinq volumes, qui paroîtront
successivement tous les ans. L'on donnera l'année pro-
chaine le Volume de la* JURISPRUDENCE *& des* SCIEN-
CES ET ARTS.

CATALOGUE

DES LIVRES

DE FEU MONSIEUR

DE BOUGAINVILLE,

DE L'ACADÉMIE ROYALE DES INSCRIPTIONS
ET BELLES-LETTRES, &c.

THEOLOGIE.

Ecriture-Sainte, Interprétes, Critiques Sacrés,
& Liturgies, &c.

Biblia Sacra Latina juſſu Sixti V. Pontificis Maximi recognita ac edita ; (vulgó gallicè *des Evêques*) abſque ſummariis Capitum. *Coloniæ Agrippinæ, Gualterus,* 1630. *in* 12 *m. r.* (*exemplaire mal conſervé*). 11. 19

2 La Sainte Bible, trad. en françois ſur la Vulgate par M. de Sacy. *Paris, Deſprez,* 1707. 8 *vol. in* 12 *v. b.* 13. 10

3 XIX Volumes ſéparés de l'Ancien Teſtament de M. de Sacy, avec l'explication du ſens littéral & ſpirituel. *Paris, Deſprez,* 1699. *in* 8 *v. b.* 18. 1

4 La Sainte Bible en latin & en françois, avec des 115. 19

A

Notes & des Remarques tirées de Dom Calmet & autres Auteurs, (& mise au jour par M. Rondet). *Paris, Martin,* 1748. 14 *vol. in* 4. *v. b.*

1·45 Liber Psalmorum Davidis, gr. lat. *Antverp. Plantin,* 1584. *in* 16 *v. f.*

1 6 Les Pseaumes de David, à trois colonnes en latin & en françois, selon l'hébreu & la vulgate. *Paris, le Petit* 1671. *in* 12 *v. b.*

4·127 Novum J. C. Testamentum græcum, cum variantibus lectionibus, & notis Steph. Curcellæi. *Amstelodami, Elzev.* 1675. 2 *vol. in* 12 *m. r.*

7 8 Le Nouv. Testament de N. S. J. C. trad. en franç. selon l'édition vulgate, avec les différences du grec. *Mons, Migeot,* (*Elzev.*) 1667. 2 *vol. in* 12 *m. r.*

5·109 Nouveau Testament de N. S. J. C. trad. en françois avec le grec & le latin de la Vulgate. *Mons, Migeot,* 1673. 2 *vol. in* 8 *v. b.*

16·1210 Le Nouveau Testament en françois avec des réflexions. *Amst. Nicolaï,* 1736. 8 *vol. in* 12 *v. b.*

19·1 11 Abregé de l'Histoire de l'Ancien Testament, par M. de Mézanguy. *Paris, Desaint & Saillant,* 1747. 9 *vol. in* 12 *v. b.*

12 Conjectures sur la Genese avec des remarques. *Bruxelles, Fricx,* 1753. *in* 12 *v. b.*

13 Explication de la Genese par M. Duguet. *Paris, Babuty,* 1732. 7 *vol. in* 12 *v. b.*

12

14 Explication du Livre de Job, par M. Duguet. *Paris, Babuty,* 1732. 4 *vol. in* 12 *v. b.*

15 Explication d'Isaïe, par M. Duguet. *Paris, Babuty,* 1734. 6 *vol. in* 12 *v. b.*

4 16 Explication des principales Prophéties de Jérémie, d'Ezéchiel & de Daniel. *Avignon, Girard,* 1749. 5 *vol. in* 12 *v. b.*

17 Explication des qualités ou des caracteres que S. Paul donne à la Charité. *Paris, Guérin,* 1727. *in* 12 *v. b.*

1·1

18 Regles pour l'intelligence des Saintes Ecritures. *Paris, Estienne,* 1716. *in* 12 *v. b.*

4·6 19 J. Georg. Altmanni Meletemata philologico-cri-

tica, quibus difficilioribus N. Teſt. locis ex antiqui-
tate lux affunditur, & verus eorumdem ſenſus inda-
gatur : accedit Oratio de illuſtri inſcriptione Crucis
Chriſti, ejuſque myſterio. *Traject. ad Rhen. Munten-
dam*, 1753. *in* 4 *v. m.*

20 L'Année Chrétienne, contenant l'explication des
Epîtres, Evangiles pour les Dimanches, Fêtes &
Féries de l'Année, par M. le Tourneux. *Paris, De-
ſaint*, 1746. 6 *vol. in* 12 *v. b.*

21 Prieres chrétiennes en forme de Méditations, ſur
tous les Myſteres de N. S. de la Sainte Vierge, &
ſur les Dimanches & Fêtes de l'Année. *Paris, Joſſe,*
1739. 2 *vol. in* 12 *v. f.*

22 Miſſel de Paris en latin, ſelon le nouveau Breviai-
re. *Paris, Compagnie*, 1738. 5 *vol. in* 12 *m. n. avec*
la Semaine Sainte.

23 Livre de Prieres, en anglois, *London*, 1743. *in*
12 *v. b.*

Saints Peres.

24 Confeſſions de S. Auguſtin, en latin & en françois
avec des notes, par un Religieux Bénédictin. *Paris,
Martin*, 1741. 2 *vol. in* 8 *v. 1 n.*

25 Les Confeſſions de S. Auguſtin, trad. en françois
avec des notes par M. Dubois. *Paris, le Mercier,*
1743. *in* 12 *v. b.*

26 Les Soliloques, Méditations & Manuel de S. Auguſ-
tin, traduits en françois. *Paris, le Mercier*, 1745.
in 12 *v. m.*

27 Syneſii Epiſcopi Ptolemaidis Hymni, gr. lat. *Ex-
cud. H. Stephanus*, 1568. *in* 24 *v. b.*

Théologiens Scholaſtiques, Moraux, Catéchétiques, Ser-
monaires, Myſtiques & Polémiques.

28 Les Provinciales en quatre langues, ſavoir, en
françois, en latin, en eſpagnol & en italien, trad.
par différens Auteurs. *Cologne. Winſelt*, 1684. *in* 8
m. n. vieux.   A ij

40. 1 29 Essais de Morale, & autres Œuvres de M. Nicole, avec sa Vie. *Paris, Desprez, 1723. 23 vol. in 12 v. f.*

2 30 Pensées de M. Pascal sur la Religion & autres sujets. *Paris, Desprez, 1734. in 12 v. f.*

3. 10 31 Elévations sur tous les Mysteres de la Religion Chrétienne, par M. Bossuet. *Paris, le Mercier, 1753. 2 vol. in 12 v. b.*

1 32 Instructions sur les dispositions qu'on doit apporter aux Sacremens de Pénitence & d'Eucharistie. *Paris, Desprez, 1734. in 12 v. b.*

6 33 Instruction Pastorale de M. l'Evêque de Grenoble sur le Sacrement de Pénitence & sur la Communion. *Grenoble, Giroud, 1749. 2 vol. in 4 v. b.*

2. 4 34 Traité de l'Usure, Intérest & Profit qu'on tire du Prest : ou l'ancienne Doctrine sur le Prest usuraire opposée aux nouvelles opinions. *Paris, Delaulne, 1710. in 12 v. f.*

95 35 Sermons du R. P. Bourdaloüe pour l'Avent, le Carême, les Dominicales, les Mysteres, les Panégyriques, les Exhortations & les Retraites. *Paris, Rigaud, 1707 & ann. suiv. 14 vol. in 8 v. b.*

38. 1 36 Sermons du P. Massillon pour l'Avent, le Carême, le petit Carême, les Mysteres, Panégyriques, Conférences, Oraisons funebres, Pensées & Pseaumes. *Paris, Veuve Estienne, 1745 & suiv. 15 vol. in 12 v. b.*

12 37 Sermons sur diverses matieres importantes, trad. de l'anglois par Barbeyrac. *Amsterd. Humbert, 1711. 7 vol. in 12 v. b.*

1 38 De Imitatione J. C. Libri IV. ex recensione Josephi Vallart. *Parisiis, Barbou, 1758. in 12 v. m.*

1 39 De l'Imitation de J. C. trad. en françois par M. de Beuil. *Paris, Desprez, 1723. in 12 v. b.*

2. 19 40 Relation de l'origine, progrès & condamnation du Quiétisme en France. *1732. in 12 v. b.*

2 41 Hug. Grotii de Veritate Religionis Christianæ, Libri IV. *Amstel. ex officinâ Elzevir. 1662. in 12 v. b.*

6. 19 42 Traité de la vérité de la Religion Chrétienne, par Jacq. Abbadie. *La Haye (Par.) 1750. 4 vol. in 12 v. m.*

43 Traité des Principes de la Foi Chrétienne, par M. 4.19
Duguet. *Paris, Alix*, 1736. *3 vol. in* 12 *v. b.*

44 Traité de l'Existence & des Attributs de Dieu, 3.12
trad. de l'anglois de M. Clarke, par Ricottier. *Amst.*
Bernard, 1727. *3 vol. in* 8 *v. b.*

45 Démonstration de l'Existence de Dieu & de ses At- 2.7
tributs, par M. de Fénelon. *Paris, Veuve Estien-*
ne, 1739. *in* 12 *v. b.*

46 De la Connoissance de Dieu & de soi-même, par 2.6
M. Bossuet. *Paris, Veuve Alix*, 1741. *in* 12 *v. b.*

47 Questions diverses sur l'Incrédulité. *Paris, Chaubert*, 1.5
1751. *in* 12 *v. f.*

48 Traité de l'Athéisme & de la Superstition, trad. du 4.4
latin de J. Fr. Buddeus, avec des remarques, par Louis
Philon & Jean - Chrestien Fischer. *Amst. Mortier*,
1740. *in* 8 *m. bl.*

49 Preuves de la Religion de J. C. contre les Spino-
sistes & les Déistes, par M. le François. *Paris, Veuve* 4.16
Estienne, 1751. *3 vol. in* 12 *v. b.*

50 Astronomical Principles of Religion natural and 2.11
reveald by William Whiston. *London*, 1725. *in* 8 *v. f.*

JURISPRUDENCE.

Droit Canonique.

51 Examen impartial des Immunités Ecclésiasti-
ques, contenant les maximes du Droit public, avec
les faits historiques. *Lond. (Paris)* 1751. *in* 12 *v. b.*

52 Apologie des Jugemens rendus en France. 1753. 4.2
4 *vol. in* 12 *v. b.*

53 Remontrances du Parlement au Roi, du 9 Avril
1753. *in* 12 *v. b.*

54 Le Compte rendu par M. de la Chalotais au Parle- 1.14
ment de Bretagne, 1762. *in* 12 *v. b.*

55 Le Compte rendu par M. de Monclar au Parlement 2.8
de Provence, 1763. *in* 12 *v. b.*

56 Plaidoyer de M. de Monclar, du 4 Janvier 1763. *in 12 v. b.*

57 Compte rendu par M. de Salelles. *Perpignan, 1762. in 12 basane.*

D R O I T   C I V I L.

Droit de la Nature & des Gens, & Droit public.

58 De l'Esprit des Loix par M. de Montesquieu. *Geneve, Barillot, 1750. 4 vol. in 12 v. b.*

59 L'Esprit des Maximes politiques, par M. Pecquet, pour servir de suite à l'Esprit des Loix de M. de Montesquieu. *Paris, Prault, 1757. 3. vol. in 12 v.b.*

60 Le Génie de M. de Montesquieu. *Amst. (Paris,) 1758. in 12 v. b.*

61 De l'Origine des Loix, des Arts & des Sciences, & de leurs progrès chez les anciens Peuples, par M. Goguet. *Paris, Desaint. 1758. 3 vol. in 4 v. m.*

62 Des Principes des Négociations, pour servir d'introduction au Droit public de l'Europe, par M. l'Abbé de Mably. *La Haye (Paris) 1757. in 12 v.b.*

63 Le Droit public de l'Europe, par M. l'Abbé de Mably. *La Haye (Paris) 1746. 2 vol. in 12 v. b.*

Droit Ancien, Grec & Romain ; Droit François & Etranger.

64 Abregé de la Jurisprudence Romaine, par Colombet. *Paris, Robin, 1684. in 4 v. b.*

65 Arnoldi Vinnii in IV Libros Institutionum, sive Elementa Juris. *Aurelianis, Rouzeau, 1743. 2 vol. in 12 v. m.*

66 Remarques du Droit François sur les Instituts de l'Empereur Justinien, par Mercier. *Paris, Besoigne, 1684. in 4 v. b.*

67 Les Loix Civiles, par Domat, avec le *Legum Delectus* du même Auteur. *Paris, Brunet, 1697. 6 v. in 4 v. b.*

68 Ordonnance de Louis XIV , donnée à S. Germain-en Laye en 1667. *Paris* , 1667. *in* 4 *v. b.*   12

69 Ordonnances des Rois de France , publiées par M. Secouffe , Tome IXe. *Paris , Impr. Royale* , 1755. *in fol. non relié.*

70 Table générale & chronologique des IX Vol. du Recueil des Ordonnances des Rois de France de la troifieme Race, par M. de Villevault. *Paris , Impr. Royale* , 1757. *in fol. v. m.*   17. 19

71 Traité de la Subrogation , par Philippes Dernuffon. *Paris , Lefévre* , 1702. *in* 4 *v. b.*

72 Traité des Propres , par M. Dernuffon. *Paris , Da-vid* , 1714. *in* 4 *v. b.*   1. 10

73 Corpus Juris Hungarici , feu Decretum generale inclyti Regni Hungariæ , partiumque eidem annexarum : Opus Tripartitum Juris Confuetudinarii ejufdem Regni, autore Stephano de Werbocz : unà cum Decretis , Confuetudinibus & Articulis Regum, necnon Statutis Ordinum ejufdem Regni. *Tyrnavia , Typis Academicis* , 1751. 2 *vol. in fol. v. b.*   37. 19

SCIENCES ET ARTS.

PHILOSOPHIE.

Philofophes anciens & modernes.

74 GEORGII Hornii Hiftoriæ philofophicæ Librī VII, in quibus de Origine & Sectis Philofophorum. *Lugd. Batav. Elzev.* 1655. *in* 4 *v. f.*

75 Thomæ Stanleii Hiftoria Philofophiæ , vitas, opiniones, refque geftas & dicta Philofophorum Sectæ cujufvis, ex anglico fermone in latinum verfa. *Lipfiæ , Fritfch* , 1711. *in* 4 *v. f.*   8. 19

76 Hiftoire critique de la Philofophie, par Deslandes, *Amft.* 1737. 3 *vol. in* 12 *v. f.*   7

77 Hieroclis Commentarius in aurea Pythagoræ car-   6

mina de Providentiâ & Fato, gr. lat. ex edit. &
cum notis Petri Needham. *Cantabrig. Typis Aca-*
demicis, 1709. *in* 8. *v. b.*

11·1 78 Œuvres de Platon trad. en franç. avec des remar-
ques, & la Vie de ce Philosophe, par M. Dacier.
Paris, Anisson, 1701. 2 *vol. in* 12 *m. cit.*

3·12 79 La République de Platon ; ou Dialogue sur la
Justice, divisé en X. Livres. *Paris, Brocas,* 1762.
2 *vol. in* 12 *v. b.*

1·6 {80 Aristotelis de Mundo Liber, gr. lat. cum versione
Guill. Budæi. *Glasguæ, Foulis,* 1745. *in* 12 *v. f.*
81 L. Annæi Senecæ Philosophi Opera, ex edit. Justi
Lipsii. *Antverp. ex Officinâ Plantinianâ,* 1632. *in*
fol. v. vieux.

3 82 Selecta Senecæ Philosophi Opera, cum versione
gallicâ. *Parisiis, Barbou,* 1761. *in* 12 *v. b.*

3·19 83 Analyse de la Philosophie du Chancelier Bacon.
Paris, Desaint, 1755. 3 *vol. in* 12 *v. m.*

Parties de la Philosophie : Logique, Morale, Politique,
Métaphysique & Physique.

2·8 84 Epicteti Enchiridion, Cebetis Tabula, Prodici
Hercules & Cleanthis Hymni gr. lat.. *Glasguæ,*
Foulis, 1744. *in* 12 *v. b.*

1·18 85 La Morale d'Epicure, tirée de ses propres écrits par
l'Abbé le Batteux. *Paris, Desaint,* 1758. *in* 12 *v. b.*

4·4 86 Les Caracteres de Théophraste, avec les Caracte-
res ou les Mœurs de ce Siécle, par M. de la Bruye-
re, & des notes de M. Coste. *Paris, David,* 1740.
2 *vol. in* 12 *v. f.*

4·14 87 Les Caracteres de M. de la Bruyere. *Paris, David,*
1750. 2 *vol. in* 12 *v. f.*

3·7 88 Réflexions morales de l'Empereur Marc Antonin,
avec des Remarques de M. Dacier. *Amst. l'Honoré,*
1740. *in* 12 *v. f.*

12 89 Réflexions, Sentences & Maximes Morales. *Paris,*
Barbin, 1678. *in* 12 *v. b.*

90

90 Considérations sur les Mœurs de ce siécle 1751. *in 1. 2*
12 *v. b.*

91 The Spectator. *London, Tonson,* 1744. 8 vol. *in 12 21 . 14*
v. b.

92 Le Spectateur François, par M. de Marivaux. *Paris, 2 . 8*
Prault, 1752. 2 vol. *in 12 v. b.*

93 La Spectatrice, Ouvrage trad. de l'Angl. *Paris, Rol- 2 . 10*
lin, 1751. 2 vol. *in 12. v. b.*

94 Le Philosophe Chrétien, par M. Formey. *Lyon, 4 . 8*
Bruyset, 1755. 4 vol in 12. v. b.

95 Le Bramine inspiré, trad. de l'Anglois, par M. Les- 1 . 4
callier, *Berlin,* 1751. *in 12 v. b.*

96 L'Ami des Hommes, ou Traité de la Population. 4 . 1
Avignon, 1756. 3 tom. en un vol. in 4 v. b.

97 Discours de Jean Jacq. Rousseau, sur l'Origine &
les Fondemens de l'Inégalité parmi les Hommes. 5 . 14
Amst. Rey, 1755. *in 8 v. m.*

98 Traité de la Gloire, par M. de Sacy, avec une Dis-
sertation de M. du Rondel sur le même sujet. *La*
Haye (Paris), 1745. *in 12 v. b.* } 2 . 8

99 Traité de l'Amitié, par M. de Sacy. *Paris, Compa-*
gnie, 1722. *in 12 v. b.*

100 Avis d'un Pere à sa Fille, par le Marquis d'Halifax, 3
trad. de l'Anglois. *Londres (Paris),* 1756. *in 12 m. b.*

101 Thomæ Mori, de optimo Reipublicæ statu, seu 5 . 11
Utopiæ Libri II. *Glasguæ, Foulis,* 1750. *in 12. m. b.*

102 L'Utopie de Thomas Morus, trad. en François par 2 . 6
Gueudeville. *Leyde, Vander Aa,* 1715. *in 12 ba-*
sane.

103 Institution d'un Prince : ou Traité des qualités, 4 . 10
des vertus & des devoirs d'un Souverain, par M. Du-
guet. *Leyde, Verbeck,* 1739. 4. vol. *in 12 v. b.*

104 Les Annales politiques de M. l'Abbé de Saint 3
Pierre. *Londres (Paris),* 1758. 2 vol. *in 12 v. b.*

105 Histoire des Guerres & des Négociations du Traité 16 . 6
de Westphalie, par le P. Bougeant. *Paris, Mariette,*
1745. 6 vol. in 12 v. b.

106 Mémoires de M. l'Abbé de Montgon, 1750. 6 v. 3 . 1
in 12 v. m.

107 Mémoires de M. de Torcy, pour servir à l'Hist. des Négociations, depuis le Traité de Ryswick, jusqu'à la Paix d'Utrecht. *La Haye (Paris)*, 1756. 3 *vol in* 12 *v. b.*

108 Mémoires des Commissaires du Roi & de ceux de S. M. Britannique, sur les Possessions & les Droits Respectifs des deux Couronnes en Amérique, avec les Actes Publics, & Piéces Justificatives. *Paris, Impr. Royale*, 1755. 5 *vol. in* 4 *v. b.*

109 Parallele de la conduite du Roi, avec celle du Roi d'Angleterre. *Paris, Impr. R.* 1758. *in* 12 *v. b.*

110 Mémoire Historique sur la Négociation de la France & de l'Angleterre, en 1761. *Paris, Impr. Royal.* 1761. *in* 8. *v. b.*

111 Testament politiq. du Maréchal de Belle-isle. *Amst.* (Paris,) 1761. *in* 12. *v. b.*

112 Remarques sur les avantages & les désavantages de la France & de la Grande Bretagne, par rapport au Commerce. 1754. *in* 12. *v. b.*

113 Développement & défense du Systême de la Noblesse Commerçante par l'Abbé Coyer. *Paris, Duchesne*, 1757. *in* 12 *v. m.*

114 Essai sur la Police générale des Grains, sur leurs prix & sur les effets de l'Agriculture. *Berlin*, (Paris,) 1755. *in* 12 *v. m.*

115 Traité des Monnoies, par Henri Poullain. *Paris, Léonard*, 1709. *in* 12 *v. b.*

116 Essais de Théodicée sur la Bonté de Dieu, la Liberté de l'Homme & l'Origine du Mal, par Leibnitz. *Amst.* (Rouen), 1714. 2 *vol. in* 12. *v. vieux.*

117 Radulphi Cudworthi Systèma intellectuale hujus Universi, seu de veris naturæ rerum originibus Commentarii, quibus omnis eorum Philosophia, qui Deum esse negant, funditùs evertitur, ex Anglico, Latinè, à Joanne Laurentio Moshemio. *Jena, Vidua Meyer*, 1733. 2 *vol. in fol. v. b.*

118 De la Recherche de la Vérité, par le P. Malebranche. *Paris, Savoye*, 1749. 4 *vol. in* 12 *v. b.*

119 Traité Philosophique de la foibleſſe de l'Eſprit Humain, par M. Huet. *Londres (Paris)*, 1741. *in* 12 *v. ſ.*

120 Eſſai Philoſophique ſur l'Entendement Humain, trad. de l'Anglois de M. Locke, par Coſte, *Amſt. Mortier*, 1735. *in* 4. *v. b.*

121 Abrégé de l'Eſſai de M. Locke, ſur l'Entendement Humain, trad. de l'Anglois par Boſſet. *Londres (Paris)*, 1741. *in* 12. *v. m.*

122 Géométrie Métaphyſique, ou Eſſai d'Analyſe ſur les élémens de l'étendue bornée. *Paris, Hériſſant*, 1758. *in* 8. *v. b.*

123 Eſſai ſur la Critique & ſur l'Homme, de M. Pope, en Anglois & en François. *Londres, Darrès*, 1741. *in* 4 *G. P. v. b.*

124 Explication Phyſique des Sens & des Idées, & des mouvemens, tant volontaires qu'involontaires, trad. de l'Anglois de Hartley, par l'Abbé Jurain. *Rheims, de Laiſtre*, 1755. 2 *vol. in* 12. *v. m.*

125 Traité des Syſtêmes, où l'on en démêle les inconvéniens & les avantages, par l'Auteur de l'Eſſai ſur l'origine des connoiſſances humaines. *La Haye (Paris)*, 1749. *in* 12 *v. b.*

126 Traité des Animaux & de leurs facultés, par l'Abbé de Condillac. *Paris, Debure l'aîné*, 1755. *in* 12 *v. b.*

127 Diſſertation ſur l'Incompatibilité de l'Attraction & de ſes différentes Loix, avec les Phénomènes, & ſur les Tuyaux Capillaires, par le Pere Gerdil. *Paris, Deſaint*, 1754. *in* 12. *v. b.*

128 Théorie des Tourbillons Cartéſiens, avec des Réflexions ſur l'Attraction. *Paris, Guérin*, 1752. *in* 12. *v. b.*

129 Traité de Dynamique, ou des Loix de l'Equilibre, par M. Dalembert. *Paris, David*, 1758. *in* 4. *v. m.*

130 Traité Phyſique & Hiſtorique de l'Aurore Boréale, par M. de Mairan, ſeconde édition augmentée. *Paris, Impr. R.* 1754. *in* 4. *v. b.*

131 Penſées diverſes à l'occaſion de la Cométe qui pa-

rut au mois de Décembre 1680, par Pierre Bayle. *Rotterdam, Leers,* 1704. 4 *vol. in* 12 *v. b.*

2 132 Differtation fur la Glace, ou Explication phyfique de la formation de la Glace & de fes divers phéno-mènes, par M. de Mairan. *Paris, Imp.. R.* 1749. *in* 12 *v. b.*

11 133 Leçons de Phyfique Expérimentale, par l'Abbé Nollet. *Paris, Guérin,* 1743. 4 *vol in* 12. *fig. v. m.*

134 Effai fur l'Electricité des Corps, par le même. *Paris, Guérin,* 1746. *in* 12 *v. m.*

4 · 12 135 Recherches fur les Caufes particulières des Phéno-mènes electriques, par le même. *Paris, Guérin,* 1749. *in* 12 *v. m.*

8 · 13 136 Bibliothèque de Phyfique & d'Hiftoire Naturelle, par l'Abbé Lambert. *Paris, Veuve David,* 1758. 4 *tom. en* 5 *vol. in* 12. *v. m.*

1 · 18 137 Obfervations de Phyfique & d'Hiftoire Naturelle, par M. de Sécondat. *Paris, Huart,* 1750. *in* 12 *v. &c.*

HISTOIRE NATURELLE.

63 · 19 138 C. Plinii fecundi Hiftoriæ Naturalis Libri XXXVII. cum interpretatione & Notis Joannis Harduini. *Parifiis, Couftelier,* 1723. 3 *vol. in fol. v. b.*

88 · 19 139 Hiftoire Naturelle Générale & particulière, avec la Defcription du Cabinet du Roy, par MM. de Buf-fon & d'Aubenton. *Paris, Impr. R.* 1749, *& ann. fuiv.* 7 *vol. in* 4 *fig. v. m.*

2 · 10 140 Lettres à un Américain, au fujet de l'Hift. Nat. de M. de Buffon. *Hambourg,* 1751. 3 *vol. in* 12 *v. b.*

10 · 4 141 Le Spectacle de la Nature, ou Entretiens fur l'Hiftoire Naturelle, par M. Pluche. *Paris, V^e. Eftienne,* 1739. 4 *vol. in* 12 *fig. v. b.*

3 · 19 142 Hiftoire du Ciel, où l'on recherche l'origine de l'Idolâtrie & les méprifes de la Philofophie, fur la formation & fur les influences des Corps Céleftes, par M. Pluche. *Paris, Veuve Eftienne,* 1740. 2 *vol. in* 12. *v. b.*

143 Les Elémens de Botanique , ou Méthode pour connoître les Plantes, par Joseph Pitton de Tournefort. *Paris , Impr. R. 1694. 3 vol. in 8. fig. v. m.* 84·1

144 Histoire Naturelle des Abeilles. *Paris , Guérin ,* 1747. 2 vol. in 12. fig. v. b. 4·10

145 Æliani de Naturâ Animalium Libri XVII. Gr. Lat. cum animadversionibus Gesneri & aliorum , edente Abrahamo Gronovio. *Londini , Bowyer,,* 1744. 2 vol. in 4. v. b. 19·4

146 Mémoires pour servir à l'Histoire des Insectes, par M. de Réaumur, *Paris , Impr. R.* 1734. & suiv. 6 vol. in 4. fig. v. m. 74·1

MÉDECINE.

Anatomie , Chymie , Mathématique & Arts.

147 Nouveaux Elémens d'Anatomie Raisonnée , avec figures. *Paris , Desaint ,* 1749. in 8 v. m. 1·19

148 Elémens de Chymie Théorique, par M. Macquer. *Paris , Hérissant ,* 1749. in 12. v. m. 1·1

149 Histoire des Mathématiques, par M. Montucla. *Paris, Jombert ,* 1758. 2 vol. in 4. v. b. 19·2

150 Veterum Mathematicorum Opera, *scilicet*: Athenæi, Apollodori , Philonis , Bitonis , Heronis , & aliorum , Gr. Lat. ex Mss. Cod. Bibliothecæ Regiæ. *Parisiis, ex Typogr. Regiâ ,* 1693. in fol. v. m. 12

151 Cours de Mathématique, par M. le Camus. *Paris, Ballard ,* 1749. 4 vol. in 8. v. b. 24·19

152 Leçons élémentaires de Mathématiques, ou Elémens d'Algèbre & de Géométrie, par l'Abbé de la Caille. *Paris , Guérin.,* 1756. in 8 v. m. 4·

153 Traité du Calcul Intégral , pour servir de suite à l'Analyse des infinimens Petits de M. le Marquis de l'Hôpital ; par M. de Bougainville le Jeune. *Paris , Desaint & Saillant ,* 1754. 2 vol. in 4 v. m. 15·1

154 Leçons élémentaires d'Astronomie Géométrique & Physique, par M. de la Caille. *Paris, Guérin ,* 1755. in 8. v. b. 4·1

155 Ufages des Globes Céleftes & Terreftres, faits par ordre du Roi, par Robert de Vaugondy. *Paris, Boudet*, 1751. *in* 12. *v. m.*

156 Traité de la Sphere, par M. Rivard. *Paris, Defaint*, 1741. *in* 8. *v. m.*

157 Le Nouveau Zodiaque réduit à l'année 1755. *Paris, Impr. Roy.* 1755. *in* 8. *v. b.*

158 Obfervations fur notre inftinct pour la Mufique, & fur fon principe, par Rameau. *Paris, Prault*, 1754. *in* 8. *v. m.*

159 ENCYCLOPÉDIE, ou Dictionnaire raifonné, des Sciences, des Arts & des Métiers, par une Société de Gens de Lettres; & mis en ordre & publié par MM. Diderot & d'Alembert. *Paris, Briaffon*, 1751 *& ann. fuiv.* 8 *vol. in fol. avec Soufcription pour la fuite. v. m. & brochés.*

160 L'Art de peindre, Poëme, avec des réflexions fur la Peinture, par M. Watelet. *Paris, Guérin*, 1760. *in* 12 *fig. m. bleu.*

161 L'Art de peindre, Poëme en vers françois, avec des réflexions fur les différentes parties de la Peinture, par M. Watelet. *Paris, Guérin*, 1760. *in* 4 *fig. v. éc.*

162 Obfervations fur les Arts & fur quelques morceaux de Peinture & de Sculpture, expofés au Louvre en 1748. *Leyde (Paris)*, 1748, *in* 12 *v. b.*

163 Defcription of the Pictures, Statues, &c. And other Curiofities, by Richard Cowdry. *London*, 1751. *in* 8 *v. b.*

164 Catalogue raifonné des Tableaux du Roi, avec un abregé de la vie des Peintres, fait par ordre du Roi, par M. Lépicié. *Paris, Impr. R.* 1752. 2 *vol. in* 4 *v. f.*

165 Les Cinq Ordres d'Architecture de Vincent Scamozzi, par Auguftin Daviler. *Paris, Coignard*, 1685. —Ordonnance des cinq efpeces de colonnes, felon la méthode des Anciens, par M. Perrault. *Paris, Coignard*, 1683. *in fol. fig.*

166 Mémoires fur le Louvre, 1751. *in* 8 *v. b.*

167 Lettres de divers Auteurs sur le projet d'une Place
devant la Colonnade du Louvre, pour y mettre la
Statue équestre du Roi, 1749. 3 *vol. in* 12 *v. b.*) 4·13

168 Essai sur la Cavalerie tant ancienne que moderne,
avec les Instructions & Ordonnances nouvelles qui
y ont rapport, & l'état actuel des Troupes à cheval,
leur paye, &c. *Paris, Jombert,* 1756. *in* 4. *v. b.*   5

BELLES-LETTRES.

Grammaires & Dictionnaires, &c.

169 FRANCISCI Masclef Grammatica Hebraïca,
à punctis aliisque inventis Massorethicis libera. *Pa-*
risiis, Ballard, 1743. 2 *vol. in* 12 *v. b.*   3·10

170 D. P. Carpentier Alphabetum Tironianum, seu
notas Tironis explicandi Methodus. *Lutet. Parisior,*
Guérin, 1747. *in fol. v. m.*   14·19

171 Le Jardin des Racines Grecques. *Paris, le Petit,*
1664. *in* 12 *v. b.*   1·10

172 Suidæ Lexicon gr. lat. cum notis & versione Æmi-
lii Porti, & ex editione novâ Ludolphi Kusteri,
cum indicibus. *Cantabrigiæ, Typis Academicis,*
1705. 3 *vol. in fol. v. f.*   48

173 Julii Pollucis Onomasticon gr. lat., cum notis
Variorum, ex editione Tiberii Hemsterhuis, cum
indicibus. *Amstel. Westein,* 1706. 2 *vol. in fol. v. f.*   19·19

174 G. Robertson Thesaurus Linguæ Græcæ in epito-
men sive compendium redactus, & alphabeticè se-
cundùm Constantini method. & Schrevelii reseratus.
Cantabrig. Hayes, 1676. *in* 4 *v. b.*   11·19

175 Vocabulaire Universel latin - françois. *Paris,*
Guérin, 1754. *in* 8 *v. m.*   3

176 Essai sur une Introduction générale & raisonnée
à l'étude des Langues, & particulierement Fran-
çoise & Italienne. *Paris, Debure l'aîné.* 1757. *in* 12
v. m.   1·17

2 · 1 177 Principes généraux & raisonnés de la Grammaire Franç. par M. Restaut. *Paris, Lottin*, 1745. *in* 12 v. b.

1 · 8 178 Principes de la Grammaire Françoise pratique & raisonnée, par l'Abbé Antonini. *Paris, Duchesne*, 1753. *in* 12 v. b.

1 · 9 179 Grammaire Françoise par l'Abbé Wailly. *Paris, Debure l'aîné*, 1754. *in* 12 v. b.

5 · 7 180 Remarques de M. de Vaugelas sur la Langue Françoise, avec les notes de MM. Patru & Corneille. *Paris, Didot*, 1738. 3 vol. *in* 12 v. b.

41 · 1 181 Dictionnaire de l'Académie Françoise : IV. édidition. *Paris, Veuve Brunet*, 1762. 2 vol. *in fol. v. m.*

1 · 1 182 Dictionnaire François - Celtique, ou François-Breton, par le P. Grégoire de Rostrenen. *Rennes, Vatar*, 1732. *in* 4 *bafane.*

1   183 Le Maître Italien, par Vénéroni. *Paris, David*, 1745. *in* 12 *bafane.*

1 · 1 184 Grammaire Espagnole Françoise, par Sobrino. *Brux. Foppens*, 1738, *in* 12 v. m.

1 · 6 185 Trésor des Langues Espagnole & Françoise, par César Oudin. *Paris, Sommaville*, 1645. *in* 4 v. vieux.

186 Prononciation de la Langue Angloise, avec un Traité son accent & de sa profodie, par Flint. *Paris, Didot*, 1740. *in* 12 v. b.

12 · 1 187 Dictionnaire Royal François-Anglois, & Angl. Franç. par Boyer, *Amst. Westein*, 1727. 2 vol. *in* 4 v. vieux.

Rhétorique.

3 · 13 188 Dionysii Longini de Sublimitate Commentarius Gr. Lat. ex editione Zachariæ Pearce. *Glasguæ, Foulis*, 1751. *in* 12 v. f.

7 · 10 189 Rhetores Selecti : Demetrius Phalereus, Tiberius Rhetor, Anonym. Sophista & Severus Alexandrinus, Gr. Lat. *Oxon. è Th. Sheldoniano*, 1676. *in* 8 v. b.

2 · 1 190 Philippiques de Démosthènes & Catilinaires de Cicéron, en Lat. & en Franç. trad. par l'Abbé d'Olivet. *Paris, Piget*, 1744. *in* 12 v. b.

191 Ælii Ariſtidis Opera omnia Gr. Lat. cum notis Variorum, ex editione Samuelis Jebb, *Oxonii, è Theat. Sheldoniano*, 1722. 2 vol. in 4 v. m.

192 Themiſtii Orationes, Gr. Lat. ex editione Dionyſii Petavii, cum notis & obſervationib. Joann. Harduini. *Pariſiis, ex Typographiâ Regiâ*, 1684. in fol. v. m.

193 M. Tullii Ciceronis Opera omnia, cum Delectu Commentariorum, ex editione Joſephi Abbatis Oliveti. *Pariſiis, Coignard*, 1740. 9 vol. in 4 m. r.

194 Oraiſons choiſies de Cicéron, en Latin & en François, ſur l'édition de Grævius, avec des notes. *Paris, Barbou*, 1754. 3 vol. in 12. v. b.

195 Les Offices de Cicéron, en Latin & en François, revus ſur les éditions modernes les plus correctes. *Paris, Barbou*, 1758. in 12. v. b.

196 Entretiens de Cicéron ſur la Nature des Dieux, trad. par M. l'Abbé d'Olivet. *Paris, Veuve Gandouin*, 1749. 2 vol. in 12. v. b.

197 Les Livres de Cicéron de la Vieilleſſe & de l'Amitié, en Latin & en François, avec des Remarques. *Paris, Barbou*, 1754. in 12. v. b.

198 Traité de la Conſolation de Cicéron, trad. en François, avec des Remarques par Morabin. *Paris, Guérin*, 1753. in 12 v. b.

199 Tuſculanes de Cicéron, trad. en François, par MM. Bouhier & d'Olivet. *Paris, Veuve Gandouin*, 1747. 2 vol. in 12. v. b.

200 Lettres familieres de Cicéron, en Lat. & en Franç. trad. ſur les éditions de Grævius & de d'Olivet, par l'Abbé Prévoſt. *Paris, Didot*, 1745. 5 vol. in 12 v. b.

201 Lettres de Cicéron à Atticus en Latin & en Franç. trad. avec des Remarques par l'Abbé de Montgault. *Paris, Veuve Delaulne*, 1738. 6 vol. in 12. v. b.

202 Lettres de Cicéron à Brutus & de Brutus à Cicéron, en Latin & en Franç. avec des Notes & des Remar-

ques, par l'Abbé Prévoſt. *Paris, Didot,* 1744. *in* 12.
v. b.

2 · 3 203 Penſées de Cicéron, en Latin & en François, trad.
par l'Abbé d'Olivet. *Paris, Piget,* 1747. *in* 12. *v. b.*

1 · 19 204 Remarques de Cicéron, par M. le Préſident Bou-
hier. *Paris, Veuve Gandouin,* 1746. *in* 12. *v. b.*

4 · 13 205 Quintilien, de l'Inſtitution de l'Orateur, trad. en
François, avec des Remarques, par l'Abbé Gédoyn.
Paris, Nyon, 1751. 4 *vol in* 12. *v. m.*

206 Panégyrique de Trajan, par Pline le Jeune, trad.
en François, par M. de Sacy, *Paris. Compagnie,*
2 · 1 1722. *in* 12. *v. b.*

207 La Rhétorique, ou les Régles de l'Eloquence, par
M. Gibert. *Paris, Thibouſt,* 1730. *in* 12. *v. m.*

208 Réflexions ſur la Rhétorique, où l'on répond aux
objections du Pere Lamy. *Paris, Veuve Thibouſt,*
1 · 14 1707. *in* 12. *v. b.*

209 Jugemens des Savans ſur les Autheurs qui ont traité
de la Rhétorique, par M. Gibert. *Paris, Eſtienne,*
1713. 3 *vol. in* 12. *v. b.*

1 210 Panégyrique des Saints, précédé de Réflexions
ſur l'éloquence de la Chaire, par l'Abbé Trublet.
Paris, Briaſſon, 1755. *in* 12 *v. b.*

1 · 1 211 Recueil des Harangues prononcées par MM. de
l'Académie Françoiſe, dans leurs réceptions, &c.
Paris, Coignard, 1698. *in* 4. *v. b.*

1 · 10 212 Recueil de pluſieurs Piéces d'Eloquence & de
Poéſie, préſentées à l'Académie des Jeux Floraux,
pour les prix des années 1744 & 1745. *Toulouſe,
le Camus, in* 8. *v. b.*

1 · 12 213 Diſcours Académiques de M. de Maupertuis.
Dreſde (Paris), 1763. *in* 12. *v. b.*

1 · 12 214 Diſcours prononcés à la ſéance du Châtelet de Pa-
ris, par MM. de Sartine, Moreau & Chardon. *Pa-
ris, Le Breton,* 1762. *in* 4. *mar. rouge.*

215 Recueil des Oraiſons Funébres de Maſcaron. *Pa-
ris, Deſaint,* 1734. *in* 12. *v. b.*

216 Recueil des Oraiſons funébres de M. Fléchier.
Paris, Deſaint, 1734. *in 12. v. b.*

217 Recueil des Oraiſons Funébres de M. Boſſuet. *Pa-*
ris, Deſaint, 1734. *in 12. v. b.*

POETIQUE.

Traité de Poëtique.

218 Ariſtotelis Libri de Re Poëticâ Gr. Lat. cum Ver-
ſione Theodori Goulſtoni. *Glaſguæ, Typ. Acad.*
1745. *in 12. v. f.*

219 Ger. Joan. Voſſii, de Artis Poeticæ naturâ ac
conſtitutione Liber. *Amſt. Elzevir,* 1647. *in 4. vé-*
lin.

220 Ger. Joan. Voſſii de Imitatione oratoriâ & poëticâ,
& de recitatione veterum Liber. *Amſtelod. Elzevir,*
1647. *in 4. v. b.*

221 Gerardi Joannis Voſſii, de Veterum Poëtarum
temporibus, Libri II, qui ſunt de Poëtis Gr. &
Latinis. *Amſt. Blaeu,* 1654. *in 4. vélin.*

222 Réflexions critiques ſur la Poëſie & la Peinture,
par l'Abbé du Bos. *Paris, Mariette,* 1746. 3 *vol. in*
12. *v. b.*

223 Poëtique Françoiſe, par M. de Marmontel. *Paris,*
Leſclapart, 1763. 3 *vol. in 8. brochés.*

224 Traité de la Poëſie Françoiſe, par le P. Mourgues,
Paris, Vincent, 1724. *in 12. v. b.*

225 Hiſtoire de la Poëſie Françoiſe, avec une Défenſe
de la Poëſie, par l'Abbé Maſſieu. *Paris, Prault,*
1739. *in 12. v. b.*

226 Poëtique Françoiſe, à l'uſage des Dames. *Paris,*
Nyon, 1749. 3 *vol. in* 12. *v. f.*

POETES ANCIENS ET MODERNES.

Poëtes Grecs.

10   227 Le Théâtre des Grecs, par le P. Brumoy. *Paris, Coignard*, 1749. 6 vol. *in* 12. *v. b.*

7   228 Hesiodi Ascræi quæ extant, necnon Orphei & Procli Hymni Gr. Lat. & Italicè, accurante Antonio Zanolini. *Patavii, Manfré*, 1747. *in* 8. *v. f.*

1·11   229 Davidis Ruhnkenii Epistola Critica in Hesiodum. *Lugd. Batav. Pekker*, 1749. *in* 8. *vélin.*

4·2   230 Homeri Ilias Græcè. *Oxonii, è Theatro Sheldoniano*, 1743. *in* 8. *v. m.*

17·13   231 L'Iliade & l'Odissée d'Homere, trad. en François, avec des Remarques par M⁰. Dacier. *Paris, Martin*, 1741. 8 vol. *in* 12. *v. b.*

3·1   232 Tableaux tirés de l'Iliade & de l'Odyssée d'Homere & de l'Enéide de Virgile, avec des Observations sur le *Costume*, par M. le Comte de Caylus. *Paris, Tilliard*, 1757. *in* 8. *v. b.*

2·3   233 Histoire d'Hercules le Thébain, par M. le Comte de Caylus, avec des Observations sur le *Costume*. *Paris, Tilliard*, 1758. *in* 8. *v. b.*

1·10   234 Orphei Argonautica, Hymni & de Lapidibus, Gr. Lat. cum notis Variorum, curante And. Christiano Eschenbachio. *Traj. ad Rhen. Water*, 1689. *in* 12. *v. b.*

2·19   235 Callymachi Hymni & Epigrammata, quibus accesserunt Theognidis Carmina, necnon Epigrammata CLXXVI, ex Antholog. Græcâ, Gr. Lat. cum notis. *Londini, Vaillant*, 1741. *in* 8. *v. f.*

11   236 Æschyli Tragædiæ VII, quæ extant Gr. Lat. cum Versione & variantibus Lectionibus. *Glasgua, Typ. Academicis*, 1746. 2 vol. *in* 12. *v. f.*

11·10   237 Sophoclis Tragædiæ VII, quæ extant, cum Versione Latinâ, & Variantibus. *Glasgua, Foulis*, 1745. 2 vol. *in* 12. *v. f.*

238 Tragédies de Sophocle, trad. en François par M. 3.19
du Puy. *Paris, Bauche,* 1762. 2 vol. in 1 . *v. b.*

239 Menandri & Philemonis Reliquiæ Gr. Lat. ex edi- 4
tione Hug. Grotii & Joan. Clerici. *Amst. Lombrail,*
1709. *in 8. v. f.*

240 Les Olympiques de Pindare, trad. en François, 1.2
avec des Remarques. *Paris, Guérin,* 1754. *in 12.*
v. b.

241 Les Poësies d'Anacréon & de Sapho, trad. du 12
Grec en vers françois. *Paris, Emery,* 1684. *in 12.*
v. b.

242 Les Poësies d'Anacréon & de Sapho, trad. en Fran- 4
çois, avec des remarques, par Me. Dacier. *Amsterd.*
Ve. Marret, 1716. *in 12. v. f.*

243 Musæi Grammatici de Herone & Leandro Car- 4
men Gr. Lat. ex recensione Johannis Schraderi, cum
Variantibus. *Leovardiæ, Van Dessel,* 1742. *in 8.*
v. f.

Poëtes anciens & modernes.

244 Poetæ Latini minores, ex editione Petri Burman- 6.12
ni. *Glasguæ, Foulis,* 1752. *in 12 m. bleu.*

245 Q. Ennii Poetæ vetusti Fragmenta quæ supersunt, 3.15
gr. lat. cum notis, ex editione Francisci Hesselii.
Amstel. Westein, 1707. *in 4 v. f.*

246 M. Acc. Plauti Comœdiæ. *Amstel. Westein,* 1721. 1.16
in 16 v. b.

247 M. Accii Plauti Comœdiæ quæ supersunt. *Parisiis,* 13
Barbou, 1759. *3 vol. in 12 v. m.*

248 Les Comédies de Plaute trad. en françois, par 10.19
Gueudeville. *Leyde, Vander Aa,* 1719. 10 vol. in
12 *v. b.*

249 P. Terentii Comœdiæ. *Amstel. Westein. in 16 v. b.* 1.4

250 P. Terentii Comœdiæ VI, ex editione Westerho- 3
vianâ. *Glasguæ, Foulis,* 1722. *in 8 C. M. m. bl.*

251 P. Terentii Afri Comœdiæ sex. *Parisiis, le Loup,* 5.19
1753. *2 vol. in 12 v. m.*

5. 10 **252** Comédies de Térence en latin & en françois, de la trad. & avec des remarques de Me Dacier. *Amst. Arkstée*, 1747. *3 vol. in 12 v. m.*

9. 2 **253** Titi Lucretii Cari de Rerum naturâ Libri VI: ex editione & cum notis Thomæ Creech. *Londini, Matthews*, 1717. *in 8 v. f.*

4 **254** Titi Lucretii Cari de Rerum naturâ Libri VI. *Lut. Parisior. Coustelier*, 1744. *in 12 v. m.*

19² **255** Di Tito Lucrezio della Natura delle cose Libri VI. trad. da Aleffandro Marchetti, e dati in luce da Fr. Gerbault, con figure. *In Amst. (Parigi)* 1754. *2 vol. in 8 C. M. v. éc.*

7. 13 **256** Anti-Lucretius, sive de Deo & Naturâ Libri IX, Opus Card. de Polignac, editum ab Abbate Carolo d'Orléans de Rothelin. *Parisiis, Coignard*, 1747. *2 vol. in 8 C. M. v. f.*

3. 1 **257** Anti-Lucretius, sive de Deo & Naturâ Libri IX. Opus Cardinalis de Polignac, editum ab Abbate Carolo d'Orléans de Rothelin. *Parisiis, Guérin*, 1749. *in 12 v. f.*

3. 1 **258** Catulli Tibulli & Propertii Opera. *Lugd. Batav. (Parisiis, Coustelier,)* 1743. *in 12 v. m.*

2. 11 **259** Publii Virgilii Maronis Opera. *Londini, Tonson*, 1715. *in 12 v. éc.*

13 **260** Publii Virgilii Maronis Opera, ex recensione Steph. And. Philippe. *Lut. Parif. Coustelier*, 1745. *3 vol. in 12 v. m.*

6 **261** Œuvres de Virgile en latin & en françois. *Paris, Desaint*, 1746. *4 vol. in 12 v. éc.*

11. 19 **262** Q. Horatii Flacci Opera omnia, cum Commentariis Joann. Bond. *Amstelod. Elzevir.* 1676. *in 12 v. f. (Litteris quadratis.)*

17. 11 —**263** Q. Horatii Flacci Opera omnia, minutiffimis caracteribus edita. *Parisiis, ex Typographiâ Regiâ*, 1733. *in 16 m. violet.*

55. 7 **264** Q. Horatii Flacci Opera omnia; Æneis tabulis incidit Joh. Pine. *Londini*, 1733. *2 vol. in 8 C. M. mar. bleu.*

265 Q. Horatii Flacci Opera. *Amstel. Westein*, 1743 1.9
in 12 v. b.

266 Q. Horatii Flacci Opera. *Londini , Brindley ,* 3
1744. in 16 v. éc.

267 Q. Horatii Flacci Carmina , ex recens. Steph. An- 3. 12
dreæ Philippe. *Lut. Parisior. Coustelier ,* 1746. in
12 v. m.

268 Les Poësies d'Horace traduites en françois , avec
le latin à côté. *Paris , Desaint ,* 1750. 2 vol. in 4. 10
12 v. éc.

269 P. Ovidii Nasonis Opera, ex editione Petri Bur- 7.19
manni. *Amstel.* 1713. 3 vol. in 12 v. m.

270 P. Ovidii Nasonis Opera quæ supersunt. *Paris.* 13. 12
Barbou , 1762. 3 vol. in 12 v. éc.

271 Les Epîtres d'Ovide trad. en vers françois , avec
des Commentaires par Claude-Gaspar Bachet Sieur 1. 6
de Meziriac. *Bourg en Bresse ,* 1626. 2 vol. in 8 v. f.

272 Métamorphoses d'Ovide trad. en françois avec 5. 11
des remarques & des explications historiques , par
l'Abbé Banier. *Paris , Compagnie ,* 1742. 3 vol. in
12 fig. v. b.

273 Phœdri Aug. liberti Fabulæ , ex recensione Ste- 3. 13
phani And. Philippe. *Lut. Parisior. Grangé ,* 1748.
in 12 v. m.

274 Luc. Ann. Senecæ Tragediæ , cum notis Farna- 18
bii. *Amstel. Waesberge ,* 1678. in 12 v. b.

275 M. Annæi Lucani Pharsalia , sive de Bello Civili 4
Libri X , cum variis lectionibus & notis Hug. Gro-
tii. *Lugd. Batav. Maire ,* 1627. in 8 v. f.

276 M. Annæi Lucani Pharsalia , sive de Bello Civili 16. 15
Libri X , cum notis Variorum , ex editione verò
Francisci Oudendorpii. *Lugd. Bat. Luchtmans,* 1728.
2 vol. in 4 v. f.

277 M. Valerii Martialis Epigrammatum Libri. *Pa-* 5. 4
risiis , Robustel , 1754. 2 vol. in 12 v. b.

278 Juvenalis & Persii Satyræ. *Amstelodami, Westein,* 1735. *in* 16 *v. b.*

279 Juvenalis & Persii Satyrarum Opus ex recensione Steph. And. Philippe. *Lut. Parisior. Grangé,* 1747. *in* 12 *v. m.*

280 Cl. Claudiani quæ extant ex editione Nic. Heinsii. *Lugd. Batav. ex Officinâ Elzevirianâ* 1650. *in* 12 *vélin*

281 M. Antonii Mureti Juvenilia. *Lugd. Batavorum,* (*Parisiis*) 1757. *in* 12 *v. b.*

282 Ren. Rapini Soc. Jesu Eclogæ, cum Dissertatione de Carmine Pastorali. *Parisiis, Barbou,* 1723. 3 *vol. in* 12 *v. b.*

283 Joannis Commirii Soc. Jesu Carmina. *Parisiis, Barbou,* 1753. 2 *vol. in* 12. *v. b.*

284 Matthiæ Casimirii Soc. Jesu Carmina. *Parisiis, Barbou,* 1759. *in* 12. *v. b.*

285 Les Œuvres de M. Coffin. *Paris, Desaint,* 1755. 2 *vol. in* 12. *v. m.*

286 Recueil de Poësies Latines de plusieurs célebres Professeurs de l'Université de Paris, avec des notes. *Paris, Quillau,* 1727. *in* 12. *v. b.*

Poëtes François.

287 Les Œuvres de Clément Marot, avec des notes par l'Abbé Lenglet du Fresnoy. *La Haye, Gosse,* 1731. 6 *vol. in* 12. *v. f.*

288 Poësies de Malherbe, avec un Discours sur la Poësie Françoise, des notes & des remarques. *Paris, Barbou,* 1757. *in* 8. *v. b.*

289 Fables Choisies, mises en Vers, par M. de la Fontaine, avec le Nouveau Commentaire de M. Coste. *Paris, Damonneville,* 1757. 2 *tom. en un vol. in* 12. *m. rouge.*

290 Les Œuvres de M. de Voltaire, 1751. 11 *vol. in* 12. *v. m.*

291

291 Candide, ou l'Optimisme. 1759. *in* 12. *v. m.*

292 Choix de différens morceaux de Poësie, trad. de l'Anglois, par M. Trochereau. *Paris, Veuve Pissot,* 1749. *in* 12. *v. b.*   } 1 · 8

293 Poësies diverses, par M. Tanevot. *Paris, Collombat,* 1732. *in* 12. *v. b.*

294 Fables Nouvelles & autres Piéces en Vers. *Paris, Mérigot,* 1744. *in* 12. *v. b.*   12

295 Piéces Fugitives, en Vers, par M. S***. 1752. *in* 12. *v. m.*   12

296 Ouvrages en Vers, du Philosophe sans soucy. *Potzdam (Paris),* 1760. *in* 12. *v. b.*   1 · 17

297 Le Paradis Terrestre, Poëme imité de Milton, par Madame du Boccage. *Amst. (Paris),* 1748. *in* 8. *v. b.*   2 · 7

298 Le Paradis Terrestre, Poëme imité de Milton, par Madame du Boccage, 1748. *in* 8. *v. b.*   2 · 8

299 La Colombiade, ou la Foi portée au Nouveau Monde, par Madame du Boccage. *Paris, Desaint,* 1756. *in* 8. *v. b.*   3 · 1

300 Bibliothéque des Théâtres, avec la vie des Autheurs & un Catalogue de leurs Ouvrages. *Paris, Prault,* 1733. *in* 8. *v. b.*   2 · 8

301 Histoire du Théâtre François, depuis son origine jusqu'à présent ; avec la Vie des Poëtes Dramatiques & un Catalogue Historique & Critique de leurs Ouvrages. *Paris, Le Mercier,* 1745. 15 *vol. in* 12. *v. m.*   18 · 19

302 Les Œuvres de Pierre & Thomas Corneille. *Paris, Guérin,* 1747. 12 *vol. in* 12. *v. f.*   24 · 5

303 Reconnoissance de Souscription pour la nouvelle édition des Œuvres de Pierre Corneille, *en* 10 *ou* 12 *vol. in* 8. sur laquelle il a été *payé* 24 *livres.*   23 · 19

304 Les Œuvres de Jean Racine. *Paris,* 1741. 2 *vol. in* 12. *v. f.*   6 · 12

305 Remarques sur les Tragédies de Jean Racine, avec un Traité sur la Poësie Dramatique ancienne & moderne, par Louis Racine. *Paris, Desaint,* 1752. 3 *vol. in* 12. *v. b.*   2 · 16

D

4   306 Théâtre de M. Danchet. *Paris, Grangé,* 1751. 4 vol. *in* 12. *v. m.*

12 307 La Comédie des Souhaits, en un Acte. *Paris, Barrois,* 1742. *in* 8. *v. m.*

Poëtes Italiens, Espagnols, Anglois, &c.

2.17   308 Sonetti e Canzoni di Messer Franc. Petrarca. *In Vinegia, per Nicolo d'Aristotile,* 1530. *in* 8. *v. b.*

7.4   309 Roland le Furieux, Poëme Héroïque de l'Arioste, trad. en François. *La Haye (Paris),* 1741. 4 *vol. in* 12. *v. b.*

3.16 310 La Jérusalem Délivrée, Poëme Héroïque du Tasse, trad. en Franç. par M. de Mirabaud. *Paris, Barrois,* 1735. 2 *vol. in* 12. *v. b.*

5   311 Tragédies-Opera de l'Abbé Métastasio, trad. en François. *Vienne (Paris),* 1751. 5 *vol. in* 12. *v. b.*

9   312 La Lusiade du Camoëns, Poëme Héroïque sur la Découverte des Indes Orientales, trad. du Portugais en François, par du Perron de Castera. *Amst. (Paris),* 1735. 3 *vol. in* 12. *v. b.*

4.13 313 The Works of Joseph Adisson. *London, Johnson,* 1722. 2 *vol. in* 12. *v. b.*

4.5   314 The Poetical Works of the earls of Rochester the Dukes of Devonshire. *London,* 1739. *in* 12. *v. m.*

4   315 Poems on Several Occasions by the late Matthew Prior. *London. Lintot,* 1741. *in* 12. *v. b.*

16   316 Essais and Treatises, on Several Subjects by David Humes. *London, Millar,* 1753. 4 *vol. in* 12 *v. b.*

5.2   317 Le Paradis Perdu trad. de l'Anglois de Milton, avec des Remarques par Addisson. *Paris, Ganeau,* 1742. 3 *vol. in* 12. *v. m.*

6.19 318 Le Paradis Perdu de Milton, trad. en François, avec des Notes, par M. Racine. *Paris, Desaint,* 1755. 3 *vol. in* 12. *v. b.*

1.12 319 Les Principes de la Morale & du Goût, en deux Poëmes, trad. de l'Anglois de M. Pope, avec la Boucle de Cheveux enlevée. *Paris, Briasson,* 1745. *in* 12. *v. f.*

320 Le Théâtre Anglois de Shakespéare, trad en Fran-
çois, par M. de la Place. *Londres (Paris)*, 1746. 8
vol. *in* 12. *v. b.*

321 Satyres de M. Rabener, trad. de l'Allemand en
François, par M. de Boispréaux. *Paris, Simon*, 1754.
4 vol. *in* 12. *v. f.*

322 La Mort d'Abel, Poëme en V Chants, trad. de
l'Allemand de M. Geſſner, par M. Hubert. *Paris,
Hardy*, 1760. *in* 12. *v. b.*

323 Idylles & Poëmes Champêtres de M. Geſſner, trad.
de l'Allemand, par M. Hubert. *Lyon, Bruyſet*, 1762.
in 12. *v. b.*

324 Satyres du Prince Cantemir, trad. en François.
Londres (Paris), 1750. *in* 12. *v. b.*

Mythologie & Fables.

325 Hiſtoire Poëtique de la guerre entre les Anciens
& les Modernes. *Paris, Aubouyn*, 1688. *in* 12.
v. b.

326 Nouvelle Hiſtoire Poëtique pour l'uſage de MES-
DAMES. *Paris, Guérin*, 1751 3 vol. *in* 12. *v. b.*

327 Dictionnaire de la Fable, par Chompré. *Paris,
Deſaint*, 1749. *in* 12 *v. m.*

328 Dictionnaire Abrégé de la Fable, par M. Chom-
pré. *Paris, Deſaint*, 1749. *in* 12 *v. f.*

329 Dictionnaire de Mythologie, par l'Abbé de Clauſ-
tre. *Paris, Briaſſon*, 1745. 3 vol. *in* 8. *v. b.*

330 Opuſcula Mythologica, Phyſica & Ethica, Gr. Lat.
cum Notis Variorum, ex editione Th. Gale. *Amſt.
Weſtenius*, 1688. *in* 8 *v. f.*

331 Mythographi Latini, cum Notis Variorum, ex
editione Thomæ Munckeri. *Amſt. Vid. Someren*,
1681. 2 *tom. en un vol. in* 8. *v. f.*

332 Fabularum Æſopiarum Libri V. *Glaſguæ, Foulis*,
1754. *in* 12 *v. b.*

333 Fabularum Æſopiarum Libri V. *Paris, Guérin*,
1756. *in* 12 *v. b.*   D ij

3. 1 334 Franc. Joseph. des Billons Fabularum Æsopiarum Libri V, editio tertia. *Parisiis, Barbou in* 12 *m. r.*

2. 9 335 Franc. Joseph. des Billons Fabularum Æsopiarum Libri V. *Parisiis, Barbou,* 1759. *in* 12 *v. b.*

Poësie Prosaïque, ou Facéties & Plaisanteries, Contes, Nouvelles & Romans.

5 336 Les Amours de Théagenes & Chariclée, Hist. Ethiopique d'Héliodorus, trad. du Grec en François, *Londres (Paris),* 1743. 2 *vol. in* 12 *v. m.*

23 337 Longi Pastoralium de Daphnide & Chloë Libri IV Gr. Lat. cum figuris B. Audran, & aliis ornamentis æri incisis. *Lutetiæ Paris.* 1754. *in* 4 *fig. v. m.*

3. 19 338 Les Amours Pastorales de Daphnis & Chloë, en François, avec figures. (*Paris*), 1745. *in* 12. *v. m.*

1. 15 339 Les Amours d'Ismene & Isménias. *La Haye,* 1743. *in* 12. *v. m.*

5. 12 340 Séthos : Histoire ou Vie tirée des Monumens Anecdotes de l'Ancienne Egypte, par l'Abbé Terrasson. *Paris, Guérin,* 1731. 3 *vol. in* 12 *v. b.*

6. 19 341 Les Avantures de Thélémaque, par M. de Fénélon. *Paris, Veuve Estienne,* 1740. 2 *vol. in* 12 *v. f.*

6. 7 342 The Adventures of Thelemacus, *London,* 1749. 2 *vol. in* 12 *v. b.*

8. 15 343 Vida y Hechos del Ingenioso Hidalgo Don Quixote de la Mancha, por Miguel de Cervantes Saavedra ; con estampas. *Amst. Arkstée,* 1755. 4 *vol. in* 12. *fig. v. m.*

7. 10 344 Novellas Exemplares de Mig. Cervantes Saavedra. *en Haya, Neaulme,* 1739. 2 *vol. in* 12. *v. m.*

7. 10 345 Recueil des Romans Historiques. *Londres (Paris),* 1746. 4 *vol. in* 12. *v. f.*

12 346 Œuvres mêlées du Comte Ant. Hamilton. 1749. 6 *vol. in* 12 *v. f.*

3 347 Zayde, Histoire Espagnole de M. de Ségrais, avec un Traité de l'Origine des Romans, par M. Huet. *Paris, Compagnie,* 1725. 2 *vol. in* 12. *v. m.*

348 La Princesse de Cléves. *Paris, Compagnie*, 1752. *in* 12 *v. m.*   1. 4

349 Le Diable Boiteux, par M. le Sage. *Amst. (Paris)*, 1747. 2 *vol in* 12 *v. m.*   7. 14

350 Histoire de Gilblas de Santillane, par M. le Sage. *Paris, Compagnie*, 1747. 4 *vol. in* 12 *v. b.*   8

351 Bagatelles Morales. *Paris, Duchesne*, 1754. *in* 12 *v. b.*   18

352 La Double Beauté, Roman Etranger. 1754. *in* 12. *v. f.*   1. 5

353 Le Mexique conquis. *Paris, Desaint*, 1752. 2 *vol. in* 12. *v. br.*   2. 1

354 Les Avantures d'Abdalla, fils d'Hanif *Paris, Witte*, 1712. 2 *vol. in* 12. *v. vieux.*   2. 8

355 Les Mille & un Jours, Contes Persans, trad. en François, par M. Pétis de la Croix. *Paris, Compagnie*, 1729. 5 *vol. in* 12 *v. m.*   8

356 Les Mille & Une Nuit, Contes Arabes, trad. en François, par M. Galland. *Paris, Compagnie*, 1747. 6 *vol. in* 12 *v. m.*   10

P H I L O L O G I E.

Critiques.

357 Cours de Belles-Lettres, ou Principes de la Littérature, par M. le Batteux. *Paris, Desaint*, 1753. 4 *vol. in* 12 *v. b.*   7. 19

358 Traité du Choix & de la Méthode des Etudes, par Claude Fleury. *Paris, Martin*, 1740. *in* 12. *v. b.*   1. 17

359 Traité de la manière d'enseigner & d'étudier les Belles-Lettres, par M. Rollin. *Paris, Estienne*, 1728. 4 *vol. in* 12. *v. b.*   6. 4

360 De la Maniere d'enseigner & d'étudier les Belles-Lettres, par M. Rollin. *Paris, Estienne*, 1741. 4 *vol. in* 12. *v. b.*   8

Satyres & Apologies, &c. Gnomiques, ou Sentences, Adages, Proverbes, &c.

Polygraphes : ou Autheurs Anciens & Modernes, qui ont écrit sur différens sujets.

371 Luciani Samosatensis Opera omnia Gr. Lat. cum Notis Variorum : ex editione Tib. Hemsterhusii & Joan. Frider. Reitzii. *Amstelod. Westein,* 1743. *3 vol. in* 4. *C. M. m. rouge.*

372 Lucien, de la Traduction de N. Perrot d'Ablancourt, avec des Remarques & des Figures en taille-douce. *Amsterdam , Mortier ,* 1709. *2 vol. in* 12. *fig. v. b.*

373 Philostratorum quæ supersunt omnia Gr. Lat. ex editione Gottfridi Olearii. *Lipsiæ , Fritsch ,* 1709. *in fol. v. m.*

374 Les Œuvres diverses de Cyrano de Bergerac. *Amst.* (*Rouen*), 1761. *3 vol. in* 12. *v. m.*

375 Les Œuvres de S. Evremond , avec sa Vie, par M. des Maizeaux , 1740. 10 *vol. in* 12. *v. b.*

376 Œuvres diverses de M. de Fontenelle. *Paris, Brunet ,* 1742. 10 *vol. in* 12. *v. b.*

377 Œuvres Posthumes de M. de Maucroix. *Paris ,* 1710. *in* 12. *v. m.*

378 Les Œuvres de M. Houdar de la Motte. *Paris , Prault,* 1754. 11 *vol. in* 12. *v. m.*

379 Les Œuvres de M. Rémond de S. Mard. *Amst.* (*Paris*), 1750. 5 *vol. in* 12. *v. f.*

380 Œuvres de M. Racine, de l'Académie des Inscriptions. *Paris ,* 1751. *6 vol. in* 12. *v. m.*

381 Le Temple de Gnide. *Londres* (*Paris*), 1738. *in* 12 *v. b.*

382 Œuvres Diverses de M. Le Franc de Pompignan. *Paris, Chaubert,* 1750. 3 *vol in* 12. *v. f.*

383 Œuvres diverses de M. Pope. *Amst.* (*Paris*), 1753. *in* 12. *v. éc.*

Dialogues & Entretiens sur différens Sujets, Epistolaires, &c.

1. 10 384 Desiderii Erasmi Colloquia. *Amst. Westein, in* 16. *v. b.*

1. 18 385 C. Plinii Secundi Epistolæ & Panegyricus, ex editione Boxhornii. *Amst. ex Offic. Elzevir.* 1659. *in* 12. *v. f.*

4. 6 386 Lettres de Pline le Jeune, trad. en François. *Paris, Compagnie,* 1721. 3 *vol. in* 12. *v. b.*

1. 6 387 Réflections Upon Ancient and Modern Learning by William Wotton; Dissertation Upon the Epistles of Phalaris Themistocles Socrates, &c. by Bentley. *London. Leake,* 1697. *in* 8. *v. b.*

15 388 Recueil des Lettres de Madame de Sévigné. *Paris, Rollin,* 1738. 7 *vol. in* 12. *v. m.*

1. 2 389 Lettres Persannes. *Cologne (Paris),* 1744. 2 *tom. en un vol. in* 12. *v. m.*

2 390 Lettres de la Marquise de M** au Comte de R. 1739. 2 *vol. in* 12. *v. m.*

3 391 Lettres du Baron de Busbec, par l'Abbé de Foy. *Paris,* 1748. 3 *vol. in* 12. *v. b.*

2. 11 392 Lettres d'une Péruvienne. *Paris, Duchesne,* 1752. 2 *vol. in* 12. *v. b.*

HISTOIRE.

GEOGRAPHIE ET VOYAGES.

4. 10 393 PHILIPPI Cluverii introductio in universam Geographiam, cum notis Johannis Bunonis & aliorum. *Amstelod. Wolters,* 1697, *in*-4. *v. b.*

40 394 Strabonis rerum Geographicarum Libri XVII, Gr.

Gr. Lat. cum notis variorum & Chrestomathiâ, ex editione Theodor. Jansonii ab Almeloveen. *Amst. Wolters*, 1707. 2 *vol. in-fol. v. b.*

395 Elémens de Cosmographie, par M. Buy de Mornas. *Paris, Grangé*, 1749. *in-12. v. b.*

396 Essai sur l'histoire de la Géographie ou sur son origine, son progrès & son état actuel, par Robert de Vaugondy. *Paris, Boudet*, 1755, *in-12. v. b.*

397 Géographie moderne, par l'Abbé Nicole de la Croix. *Paris, Herissant*, 1758. 2 *vol. in-12. v. b.*

398 Grammaire Géographique, traduite de l'Anglois de Gordon. *Paris, Durand*, 1748. *in-8. v. b.*

399 Michaëlis-Antonii Baudrand Geographia. *Parisiis*, 1682. 2 *vol. in-fol. v. m.*

400 Deux grands Porte-Feuilles; l'un *relié en veau*, l'autre, *relié en parchemin*, remplis de Cartes Géographiques, dont la plûpart sont de *G. de Lisle, Jaillot, &c.*

401 Les Voyageurs modernes, ou abrégé de plusieurs voyages faits en Europe, Asie & Afrique, trad. de l'Anglois. *Paris, Nyon*, 1760. 3 *vol. in-12. v. b.*

402 Voyage d'Italie, par Maximilien Misson. *La Haye (Rouen)*, 1727. 3 *vol. in-12. fig. v. b.*

403 Voyage d'Italie, de Dalmatie, de Gréce & du Levant, par Spon & Whéler. *La Haye; Albertz* 1724. 2 *vol. in-12. fig. v. m.*

404 Voyage d'Italie, ou Recueil de Notes sur les Ouvrages de Peinture & de Sculpture que l'on voit dans les principales Villes d'Italie, par M. Cochin. *Paris, Jombert*, 1758. 3 *vol. in-12. v. b.*

405 Viaggi del Marchese Ghiron Francesco Villa, in Dalmatia e Levante. *In Torino, Sinibaldo*, 1668 *in 4 velin.*

406 Histoire des Voyages de M. le Marquis de Ville en Levant, & la Relation du Siége de Candie. *Lyon, Barbier*, 1669. *in 12 v. b.*

407 Voyages du Marquis de Ville au Levant, avec la

E

Relation du Siége de Candie. *Amsterdam, Boom,* 1671. *in* 12 *vélin.*

408 Relation d'un Voyage du Levant par Joseph Pitton de Tournefort, avec figures en taille douce, concernant pour la plûpart, les Antiquités & l'Histoire naturelle. *Paris, Impr. Royale,* 1717. 2 vol. *in* 4 *figur. v. m.*

409 Journal d'un Voyage fait à l'Equateur pour la mesure du Méridien, avec les opérations qui ont suivi, par M. de la Condamine. *Paris, Impr. Royale,* 1751. 3 vol. *in* 4 *v. b.*

410 Voyages de Thévenot en Europe, Asie & Afrique. *Amst. le Céne* 1727. 5 vol. *in* 12 *fig. v. m.*

411 Voyages de M. le Chev. Chardin en Perse & autres Lieux de l'Orient. *Paris, Despilly,* 1723. 10 vol. *in* 12 *v. m.*

412 Voyage en Turquie & en Perse, avec une Relation des expéditions de Thamas Kouli-Khan, par Otter. *Paris, Guérin,* 1748. 2 vol. *in* 12 *v. m.*

413 Mémoires du Chevalier d'Arvieux, par le Pere Labat. *Paris, Delespine,* 1735. 6 vol. *in* 12 *v. m.*

414 Journal d'un Voyage de Siam, par l'Abbé de Choisy. *Trévoux, Compagnie,* 1741. *in* 12 *v. m.*

415 Voyage aux Indes Orientales, par Jean-Henry Grose, trad. de l'anglois par M. Hernandèz. *Londres (Paris) Desaint,* 1758. *in* 12 *v. b.*

416 Voyages de Gulliver. *Paris, Martin,* 1727. 2 tom. en 1 vol. *in* 12 *v. b.*

Chronologie & Histoire Universelle.

417 L'Art de vérifier les Dates, Faits historiques, Chartes, Chroniques, & autres anciens Monumens depuis la Naissance de J. C. par des Religieux Bénédictins. *Paris, Desprez,* 1750. *in* 4 *v. m.*

418 La Chronologie des anciens Royaumes corrigée, trad. de l'anglois de M. le Chevalier Newton. *Paris, Martin,* 1728. *in* 4 *v. m.*

419 Défense de la Chronologie contre le Systême Chronologique du Chevalier Newton, par M. Fréret. *Paris, Durand, 1758. in 4 v. b.*

420 Apologie du sentiment de M. le Chevalier Newton sur l'ancienne Chronologie des Grecs. *Francfort, Eichenberg, 1757. in 4 v. m.*

421 Tablettes Chronologiques de l'Histoire Sacrée & Profane, par l'Abbé Lenglet du Fresnoy. *Paris, Debure l'aîné, 1744. 2 vol. in 8 v. f.*

422 Abregé chronologique de l'Histoire Sacrée & Profane, trad. en françois sur la derniere édition latine du Pere Pétau. *Paris, Gosselin, 1715. 5 vol. in 12 v. b.*

423 Degorei Whéar Tractatus de ratione & methodo legendi Historias. *Cantabrigiæ, Hayes, 1684. in 8 v. b.*

424 Méthode pour étudier l'Histoire, avec un catalogue des Historiens & des remarques par l'Abbé Lenglet du Fresnoy ; & le Supplément. *Paris, Gandouin, 1729 & 1741. 6 vol. in 4 G. P. v. f.*

425 Justini Historiarum ex Trogo Pompeio Libri XLIV. *Lond. Tonson, 1713. in 12 v. f.*

426 Justini Historiæ. *Amstelodami Westein, 1722. in 16 v. b.*

427 Discours sur l'Histoire Universelle, par M. Bossuet. *Paris, David, 1739. 2 vol. in 12 v. éc.*

428 Histoire Universelle, Sacrée & Profane, par Dom Calmet. *Strasbourg, Doulssecker, 1735. 8 vol. in 4 v. m.*

429 Introduction à l'Histoire Moderne, Générale & Politique de l'Univers, du Baron de Puffendorf, continuée par Brusen de la Martiniere, & mise au jour par M. de Grace. *Paris, Merigot, 1753. 8 vol. in 4 G. P. v. m.*

430 Histoire du XVIe Siecle par M. Durand. *La Haye, de Hondt, 1734. 4 vol. in 12 v. b.*

Histoire Ecclésiastique.

431 Méthode pour apprendre facilement l'Histoire de l'Eglise, par le Prieur de Courcelles. *Paris, Delaulnay*, 1693. 4 vol. *in* 12 v. b.

432 Histoire Ecclésiastique de M. l'Abbé de Fleury. *Paris, Emery*, 1724. 34 vol. *in* 12 v. b.

433 Discours sur l'Histoire Ecclésiastique par M. l'Abbé de Fleury. *Paris, Emery*, 1733. *in* 12 v. b.

434 Abregé de l'Histoire Ecclésiastique, par Racine. *Utrecht (Paris)*, 1748. 13 vol. *in* 12 v. b.

435 Abregé Chronologique de l'Histoire Ecclésiastique. *Paris, Hérissant*, 1751. 2 vol. *in* 8 v. m.

436 Mœurs des Israëlites, par l'Abbé de Fleury. *Paris, Aubouyn*, 1712. *in* 12 v. b.

437 Les Mœurs des Chrétiens, par M. l'Abbé de Fleury. *Paris, Mariette*, 1713. *in* 12 v. b.

438 Histoire de la Guerre des Hussites & du Concile de Basle, par Jacq. Lenfant. *Utrecht (Paris,)* 1731. 2 vol. *in* 4 v. m.

439 Histoire du Concile de Pise, par Jacq. Lenfant. *Amst. Humbert*, 1724. 2 tom. en 1 vol. *in* 4 *fig.* v. b.

440 La Vie du Cardinal Commendon, trad. du latin d'Ant. Maria Gratiani en françois par M. Fléchier. *Paris, Dupuis*, 1702. 2 vol. *in* 12 v. b.

441 Histoire du Ministere du Cardinal Ximénès, par M. de Marsollier. *Paris, Dupuis*, 1704. 2 vol. *in* 12 v. b.

442 Histoire des Religieux de la Compagnie, pour servir de supplément à l'Histoire Ecclésiastique des XVI. XVII. & XVIIIe. Siécles. *Soleure*, 1740. 4 tom. en 2 vol. *in* 12 v. m.

443 Regiæ Sanctitatis Illyricanæ Fœcunditas, seu Historia Sacra hujus regionis, à Joan Tomco Marnavitio Bosnensi edita. *Roma*, 1630. *in* 4 v. b.

444 Histoire des Variations des Eglises Protestantes,

par M. Bossuet. *Paris, Desprez,* 1747. 4 *vol. in* 12 *v. m.*

445 Origine, progrès & décadence de l'Idolatrie. *Paris, Brocas,* 1757. *in*-12. *v. b.*

446 Le Manuel des Inquisiteurs à l'usage des Inquisitions d'Espagne & de Portugal. *Lisbonne (Paris),* 1762. *in*-12. *v. b.*

Histoire Ancienne, Judaïque, Grecque, Romaine Byzantine, &c.

447 Histoire des Juifs, trad. du grec de Flavius Joseph, en françois par M. Arnauld d'Andilly. *Bruxelles, Fricx,* 1713. 5 *vol. in*-12. *v. vieux.*

448 Histoire des Juifs, trad. du grec de Flavius Joseph, par M. Arnauld d'Andilly, & ornée de figures en taille-douce. *Bruxelles, Fricx,* 1701, 5 *vol. in*-8. *fig. m. bleu.*

449 Histoire des Juifs & des Peuples voisins, par M. Prideaux, trad. de l'anglois. *Paris, Cavelier,* 1742. 6 *vol. in*-12. *v. m.*

450 Abrégé de l'Histoire générale & particuliere de la Gréce, par M. de Grace. 1758. *in*-4. *v. b.*

451 Description historique & géographique des plaines d'Héliopolis & de Memphis. *Paris, Briasson,* 1755. *in*-12. *v. m.*

452 L'Egypte ancienne, ou Mémoires historiques & critiques sur les Objets les plus importans de l'Histoire du grand Empire des Egyptiens, par M. Dorigny. *Paris, Vincent,* 1762. 2 *vol. in*-12. *v. b.*

453 Histoire Ancienne des Egyptiens, Carthaginois, des Assyriens, Babyloniens, des Medes, des Perses, des Macédoniens & des Grecs, par M. Rollin. *Paris, veuve Estienne,* 1740. 14 *vol. in*-12. *v. b.*

454 Histoire Moderne des Chinois, Japonnois, Indiens, &c. pour servir de suite à l'Histoire Ancienne de M. Rollin. *Paris, Desaint,* 1754. 10 *vol. in*-12. *v. b.*

455 Parallele de la Conduite des Carthaginois avec les Romains dans la IIe. Guerre punique, & de la conduite de l'Angleterre à l'égard de la France dans la Guerre de 1756. 1757. *in*-12. *v. m.*

456 Pausanias, ou Voyage historique de la Gréce, trad. en françois, avec des remarques, par l'Abbé Gédoyn. *Paris, Didot,* 1731. 2 *vol. in*-4. *fig. v. b.*

457 Herodoti Halycarnaffei historiar. Libri IX. gr. lat. ex editione Jacobi Gronovii & aliorum. *Lugd. Batav. Luchtmans,* 1715. *in-fol. v. f.*

458 Jacobi Palmerii exercitationes in Herodotum, Thucydidem, Xenophontem, Polybium & alios optimos Autores Græcos, gr. lat. *Trajecti ad Rhenum,* 1694. *in*-4. *v. b.*

459 Thucydidis de Bello Peloponesiaco, Libri VIII. gr. lat. cum notis Josephi Vasse, ex editione Carol. Andreæ Dukeri. *Amst. Westein,* 1731. *in-fol. v. b.*

460 Xenophontis de Cyri institutione, Libri octo gr. lat. ex editione & cum notis Thomæ Hutchinson. *Oxon. è Theatr. Sheldon.* 1727. *in*-4. *v. m.*

461 Xenophontis de Cyri expeditione, Libri VII. gr. lat. ex editione & cum notis Thomæ Hutchinson. *Oxon. è Th. Sheldoniano,* 1735. *in*-4. *v. m.*

462 Xenophontis de Agesilao Rege Oratio, gr. lat. ex editione Thomæ Hutchinson. *Glasgua, Foulis,* 1748. *in*-12. *v. f.*

463 Histoire Universelle de Diodore de Sicile, trad. en françois par l'Abbé Terrasson. *Paris, Debure l'aîné,* 1737. 7 *vol. in*-12. *v. b.*

464 Histoire de Philippe, Roi de Macédoine, par M. Olivier. *Paris, Debure l'aîné,* 1740. 2 *vol. in*-12. *v. b.*

465 Arriani de expeditione Alexandri Magni Histor. Libri VII. gr. lat. cum notis variorum ex editione Nic. Blancardi. *Amst. Waësberge,* 1668. *in*-8. *v. b.*

466 Q. Curtii Rufi Historiarum Libri. *Amst. Elzevir,* 1670. *in*-16. *v. b.*

467 Q. Curtii Rufi, Hiſtoria Alexandri Magni, cum notis variorum ex editione Corn. Schrevelii. *Amſt. ex officin. Elzev.* 1664. *in*-8. *v. b.*

468 Q. Curtii Rufi de Rebus geſtis Alexandri Magni Libri X. *Pariſiis, Barbou,* 1757. *in* 12 *v. m.*

469 Parallele des Romains & des François, par rapport au Gouvernement. *Paris, Didot,* 1740, 2 *vol. in*-12. *v. m.*

470 Hiſtoire Romaine, trad. de l'anglois de Laurent Echard. *Paris, Guérin,* 1744. 16 *vol. in*-12. *v. b.*

471 Hiſtoire Romaine, depuis la fondation de Rome juſqu'à la Bataille d'Actium, par MM. Rollin & Crévier. *Paris, veuve Eſtienne,* 1740. 16 *vol in*-12. *v. b.*

472 Hiſtoire des Empereurs Romains, depuis Auguſte juſqu'à Conſtantin, par M. Crévier. *Paris, Deſaint,* 1749. 12 *vol. in*-12. *v. m.*

473 Hiſtoire des Révolutions de la République Romaine par l'Abbé de Vertot. *Paris, Nyon,* 1734. 3 *vol. in*-12. *v. b.*

474 La Vie de l'Empereur Julien, par l'Abbé de la Bletterie. *Paris, Deſaint,* 1746. *in*-12. *v. m.*

475 Hiſtoire de l'Empereur Jovien, par l'Abbé de la Bletterie. *Paris, Prault,* 1748, 2 *vol in*-12. *v. m.*

476 Nouvel Abrégé chronologique de l'Hiſtoire des Empereurs. *Paris, David,* 1753, 2 *vol. in*-8. *v. m.*

477 Hiſtoire du Bas Empire, par M. le Béau. *Paris, Deſaint,* 1757. 6 *vol. in*-12. *v. b.*

478 Les Antiquités Romaines, de Denis d'Halycarnaſſe, trad. du Grec en François par Bellanger. *Paris, Lottin,* 1723. 2 *vol. in*-4. *v. b.*

479 Titi Livii Hiſtoriarum Libri ex recenſione J. Fr. Gronovii. *Lugd. Batav. ex Officin. Elzeviriana,* 1645. 4 *vol. in*-12. *m. citron.*

480 Titi Livii Patavini Hiſtoriarum Libri XXXV qui superſunt, cum Supplementis J. Freinshemii, ex editione & cum Notis J. B. Ludov. Crévier. *Pariſiis, Quillau,* 1735. 6 *vol. in*-4. *v. b.*

481 Titi Livii Hiſtoriarum Libri qui extant, cum Supplementis ex Freinshemio & Crevierio, nec non indice. *Londini, Tonſon*, 1749. 7 *vol. in-*12. *v. b.*

482 L. Ann. Flori Epitome Rerum Romanarum, cum notis varior. ex recenſione Jo. Georg. Grævii. *Amſt. Gallet*, 1702. 2 *vol. in-*8. *v. m.*

483 M. Velleii Paterculi Hiſtoria Romana, ex recenſione, Gerardi Voſſii. *Lugd. Batav. ex Officin. Elzeviriâ*, 1639. *in-*12. *v. b.*

484 C. Velleii Paterculi Hiſtoriæ Romanæ Libri duo, ex recenſione Steph. Andr. Philippe. *Lutet. Par. Barbou* 1754. *in.*12. *v. m.*

485 Eutropii Breviarium Hiſtoriæ Romanæ. *Pariſiis, Merigot*, 1746. *in-*12. *v. b.*

486 Sexti Aurelii Victoris Hiſtoria Romana, cum notis variorum, ex editione Samuelis Pitiſci. *Traj. ad Rhen. Halma*, 1696. *in-*8. *v. m.*

487 Abrégé des Commentaires de M. Folard ſur l'hiſtoire de Polybe. *Paris, veuve Gandouin*, 1754. 3 *vol. in-*4. *fig. v. f.*

488 Polybii, Diodori Siculi, Nicolai Damaſceni, Dyoniſ. Halycarnaſſ. & aliorum excerpta ex collectaneis, gr. lat. ex editione Henr. Valeſii. *Pariſiis, Dupuis*, 1634, *in-*4. *v. b.*

489 C. Salluſtii Criſpi Opera quæ extant omnia. *Lut. Par. David*, 1744. *in-*12. *v. éc.*

490 Nouvelle Traduction de Salluſte, avec des notes. *Paris, Lottin*, 1749. *in-*12. *v. b.*

491 Hiſtoire de la Conjuration de Catilina, trad. en françois, avec les Catilinaires de Cicéron. *Paris, Guérin*, 1752. *in* 12. *v. m.*

492 C. Julii Cæſaris Commentarior. de Bello Gallico quæ extant. *Par. Barbou*, 1755. 2 *vol. in-*12. *v. m.*

493 Commentaires de Céſar, traduction nouvelle en françois, avec des cartes & des figures. *Amſterd. Arkſtée*, 1755. 2 *vol. in-*12. *fig. v. b.*

494 C. Corn. Taciti Opera quæ extant omnia ex recenſione

cenſione Theodori Ryckii. *Lugd. Batav. Hackius*, 1687. 2 *vol. in*-12. *m. violet.*

495 C. Cornelii Taciti quæ extant Opera, cum notis variorum, ex editione verò Jacobi Gronovii. *Trajecti Batav. Jacob à Poolſum*, 1721. 2 *vol. in*-4. *v. f.* 27 · 4

496 C. Cornelii Taciti Opera quæ ſuperſunt, ex editione Jacobi Gronovii. *Glaſguæ, Foulis*, 1753. 4 *vol. in*-12. *v. b.* 9

497 C. Cornelii Taciti quæ extant Opera, ex recenſione J. N. Lallemand. *Pariſiis, Deſaint*, 1760. 3 *vol. in*-12. *v. éc.* 12 · 6

498 Œuvres de C. Tacite, trad. en françois par d'Ablancourt. *Lyon, Molin*, 1693. 2 *vol. in*-12. *v. b.* 1 · 16

499 Traduction Françoiſe de quelques Ouvrages de Tacite, par l'Abbé de la Bletterie. *Paris, Duchefne*, 1755. 2 *vol. in*-12. *v. b.* 5 · 1

500 Diſcours hiſtoriques, critiques & politiques ſur Tacite, trad. de l'anglois de Th. Gordon. *Amſt. Changuion*, 1749. 2 *vol. in*-12. *v. b.* 4 · 19

501 C. Suetonii Tranquilli de Vitis XII. Cæſarum, cum notis varior. ex editione Matthiæ Bernecceri. *Trajecti ad Rhenum*, 1672. *in*-4. *v. f.* 2

502 C. Suetonii Tranquilli Opera, cum notis M. Zuerii Boxhornii. *Traj. Batav.* 1715 *in*-12. *v. m.* 1

503 Hiſtoire des Empereurs Romains, trad. de Suétone en françois par M. du Teil. *Lyon, Molin*, 1689. 2 *vol. in* 12. *v. b.* 3 · 16

504 Hiſtoire d'Hérodien, trad. du grec en françois, avec des remarques, par l'Abbé de Mongault. *Paris, Poirion*, 1745. *in*-12. *v. b.* 2

505 Hiſtoriæ Auguſtæ Scriptores VI. cum notis variorum, edente Corn. Schrevelio. *Lugd. Batav. Hackius*, 1661, *in*-8. *v. b.* 4 · 19

506 Varii Hiſtoriæ Romanæ Scriptores, in unum corpus redacti. *Excudebat Henr. Stephanus*, 1568. 4 *vol. in*-8. *v. b.* 6 · 12

507 Cornelius Nepos de vitâ Excell. Imperatorum, 2 · 19

ex recensione Steph. Andr. Philippe. *Lut. Par. David*, 1745, *in-12. v. éc.*

508 Les Vies des Grands Capitaines Grecs & Romains, de Corn. Népos, trad. en françois par M. le Gras, *Paris, Barbou*, 1757. *in 12. v. b.*

509 Les Césars de l'Empereur Julien, trad. du grec par le Baron de Spanheim, avec des Remarques, des Médailles & Monumens gravés par B. Picart. *Amsterd. Lhonoré*, 1728. *in-4. fig. v. f.*

510 Historiæ Byzantinæ Scriptores post Teophanem gr. lat. ex editione R. P. Francisci Combefisii. *Parisiis, ex Typogr. Regiâ*, 1685. *in-fol. v. m.*

511 Histoire de Constantinople, traduite sur les originaux Grecs, par M. le Président Cousin. *Paris, Rocolet*, 1672, 8 *vol. in-4. v. b.*

512 Histoire des Révolutions de l'Empire de Constantinople, par M. de Burigny. *Paris Debure pere*, 1750, 3 *vol. in-12. v. b.*

513 Histoire de Pierre d'Aubusson, Grand-Maître de Rhodes. *Paris, Cramoisy*, 1677. *in-12. v. f.*

514 Il Regno tutto di Candia, delineato & intagliato in Rame da Marco Boschini, *in-4. vélin.*

515 Histoire des Rois des Deux-Siciles, de la Maison de France, concernant l'Histoire de Naples, depuis la fondation de la Monarchie, jusqu'à présent. *Paris, Nyon*, 1741. 4 *vol. in-12. v. b.*

Histoire de France.

516 Eclaircissemens géographiques sur l'ancienne Gaule, par M. d'Anville, *Paris, veuve Estienne*, 1741. *in-12. v. b.*

517 Notice de l'Ancienne Gaule, tirée des Monumens Romains, par M. Danville. *Paris, Desaint*, 1760. *in--4. v. b.*

518 Histoire critique de l'établissement de la Monarchie Françoise dans les Gaules, par l'Abbé du

Bos. *paris Ganeau*, 1742, 4 *vol. in-12 v. m.*

519 Les Mœurs & Coutumes des François dans lès premiers temps de la Monarchie, par l'Abbé le Gendre, avec les Mœurs des anciens Germains, &c. *Paris, Briaſſon*, 1753. *in* 12. *v. m.* | 1. 18

520 *J.* Georgii Altmanni Diſſertatio litteraria de origine nominis Sequanorum & eorum Moribus & Cultu, &c. *Bernæ*, 1754. *in* 8. *broc. en carton.* | 1. 5

521 Catalogue des Rolles Gaſcons, Normans & François conſervés dans les Archives de la Tour de Londres. *Londres (paris Barrois)*, 1743. 2 *tom. en un vol. in-fol. v. b.* | 29. 19

522 Recueil des Hiſtoriens des Gaules & de la France, par D. Martin Bouquet. *Paris, Compagnie,* 1738 *& ann. ſuiv.* 10 *vol. in-fol. v. m.* | 180. 19

523 Hiſtoire de France, par M. Chalons. *Paris, Mariette,* 1741. 3 *vol. in* 12. *v. b.* | 5. 2

524 Hiſtoire de France, depuis l'établiſſement de la Monarchie juſqu'au Regne de Louis XIV, par l'Abbé Velly. *Paris, Deſaint & Saillant,* 1755 *& ann ſuiv.* 12 *vol. in* 12 *v. b.* | 27. 10

525 Abregé de l'Hiſtoire de France, par M. Boſſuet. *Paris, Deſaint,* 1747. 4 *vol. in* 12 *v. m.* | 5. 6

526 Nouvel Abregé Chronologique de l'Hiſtoire de France, par le Préſident Hénault. *Paris, Prault,* 1752. *in* 8 *v. b.* | 2. 1

527 Nouvel Abregé Chronologique de l'Hiſtoire de France, par M. le Préſident Hénault. *Paris, Prault,* 1756. 2 *vol. in* 8 *v. m.* | 6. 12

528 Hiſtoire de France ſous les Regnes de S. Louis, de Philippe de Valois, du Roi Jean, de Charles V. & de Charles VI. par l'Abbé de Choiſy. *Paris, Didot,* 1750. 4 *vol. in* 12 *v. b.* | 6

529 Hiſtoire Univerſelle de J. Aug. de Thou, depuis l'année 1543 juſqu'en 1607, trad. en françois ſur l'édition Latine de *Londres*, *en* 7 *vol. in fol. de* 1733. *Londres (Paris)* 1734, 16 *vol. in* 4 *v. b.* | 85

F ij

530 Abregé de l'Hiſtoire Univerſelle de Jacq. Aug. de Thou, par Rémond de Sainte Albine. *La Haye*, (*Paris*) 1749. 10 *vol. in* 12 *v. b.*

531 Mémoires de la Vie de François de Scépeaux, Sire de Vieilleville, contenant pluſieurs anecdotes des Regnes de François I. Henry II. François II. & Charles IX. compoſés par Vincent Carloix ſon Sécrétaire. *Paris, Guérin*, 1757. 5 *vol. in* 12 *v. b.*

532 Mercure Hiſtorique de Vittorio Siri, trad. de l'italien par M. Requier. *Paris, Didot*, 1756. 18 *vol. in* 12 *brochés.*

533 Hiſtoire de Charles VI. par Mlle de Luſſan. *Paris, Piſſot*, 1753. 9 *vol. in* 12 *v. b.*

534 Mémoires de Maximilien de Béthune, Duc de Sully, avec des remarques par l'Abbé de Lécluſe. *Londres* (*Paris*), 1752. 8 *vol. in* 12 *v. m.*

535 Mémoires particuliers de M. de la Porte, contenant pluſieurs particularités des Regnes de Louis XIII. & Louis XIV. *Genéve* (*Paris,*) 1755. *in* 12 *v. b.*

536 Mémoires du Cardinal de Retz, Joly & Nemours. *Amſt. Bernard*, 1731. 7 *vol. in* 12 *v. b.*

537 Mémoires du Duc de Navailles & de la Valette. *Amſt. Malherbe*, 1701. *in* 12 *v. b.*

538 Mémoires de MM. de la Rochefoucault & la Chaſtre, contenant des anecdotes du Regne de Louis XIV. *in* 12 *v. m.*

539 Hiſtoire du Vicomte de Turenne, par l'Abbé Raguenet. *Paris, Mouchet*, 1744. 2 *tom. en* 1 *vol. in* 12 *v. éc.*

540 Mémoires pour ſervir à l'Hiſtoire de Louis XIV. par l'Abbé de Choiſy. *Utrecht* (*Rouen*), 1727. 2 *vol. in* 12 *v. m.*

541 Mémoires & Lettres de Madame de Maintenon, pour ſervir à l'Hiſtoire du Siécle paſſé. *Amſt.* 1756. 15 *vol. pet. in* 12 *v. b.*

542 Apologie de Louis XIV. & de ſon Conſeil ſur la révocation de l'Edit de Nantes. 1758. *in* 8 *v. b.*

543 Mémoires de la Cour de France pour les années 1688 & 1689, par la Comtesse de la Fayette. *Amst. (Paris)*, 1731. *in 12 v.f.*

544 Mémoires particuliers de Charles Perrault, contenant des anecdotes touchant le ministére de M. Colbert. *Avignon (Paris)*, 1759. *in 12 v. b.*

545 Relation de l'Ambassade de Méhémet Effendi à la Cour de France en 1721. *Paris, Ganeau*, 1757. *in 12 v m.*

546 Histoire de la Guerre de 1741. *Amst. (Paris)*, 1755. *2 tom. en 1 vol. in 12 v. m.*

547 Essais Historiques sur Paris, par M. de Saint-Foix. *Londres (Paris)*, 1755. *2 vol. in 12 v. b.*

548 Description de la Ville de Paris, par Germain Brice. *Paris, Fournier*, 1713. *2 vol. in 12 fig. v. b.*

549 Plan de Paris dressé par ordre de M. Turgot Prévôt des Marchands. *Grand in fol. gravé, v. m.*

550 Plan de Paris & des Environs, par l'Abbé de la Grive, *Paris*, 1741. *Grand in fol. v. m.*

551 Distribution de la Ville de Paris & de ses Fauxbourgs en XVI Quartiers, par Ordonnance du 24 Février 1744. *Paris, le Mercier*, 1744. *in fol. v. m.*

552 Histoire de l'Université de Paris depuis son origine, jusqu'en l'année 1600, par M. Crévier. *Paris, Desaint & Saillant*, 1761. *7 vol. in 12 v. b.*

553 Histoire de la Pairie de France & du Parlement de Paris. *Londres (Paris)*, 1753. *in 12 v. m.*

554 Description des Fêtes données par la Ville de Paris à l'occasion du Mariage de Madame Dom Philippe. *Paris, le Mercier*, 1740. *Gr. in fol. fig. v. m.*

Histoire d'Allemagne, des Pays-Bas, d'Espagne, d'Angleterre & des Pays Septentrionaux.

555 Abrégé Chronologique de l'Histoire & du Droit Public d'Allemagne. *Paris, Hérissant.* 1754. *in 8. v. m.*

556 Rerum Germanicarum Scriptores VI. veteres, editi a Joan. Piftorio. *Francofurti* , *Marnius*, 1607. *in fol. v. b.*

557 Collectio Illuftrium veterum Scriptorum qui rerum à Germanis per multas ætates geftarum Hiftorias vel annales, Pofteris reliquerunt, ex Bibliothecâ Joan. Piftorii. *Francofurti* , *Marnius.* 1613. 2 *vol. in fol. v. b.*

558 Veterum Scriptorum Germanicorum authores varii, ex Bibliothecâ Jufti Reuberi. *Hanoviæ*, *Wechel.* 1619. *in fol. v. b.*

559 Joan. Petri Lotichii Rerum Germanicarum Libri LV. ab Anno. 1617. Ad an. 1633. *Francof. ad Mæn. Hoffmann.* 1646. *in fol. v. b.*

560 Joan. Schilteri, Scriptores Rerum Germanicarum â Carolo Magno ad Fridericum III. unà cum omni Re Diplomaticâ, Imperatoris Friderici *Argentorati*, *Dulffeckerus.* 1702. *in fol. v. b.*

561 Burcardi Gotthelffii Struvii Corpus Hiftoriæ Germanicæ à primâ Gentis origine ad annum ufque 1730. cum Diplomatibus , actis Publicis & Variis Lectionibus nec non indice Locupletiffimo. *Jena. Bielkius.* 1730. 2 *vol. in fol. v. b.*

562 Abrégé Chronologique de l'Hiftoire de Flandres, par Panckoucke. *Dunkerque* , *Boubers.* 1762. *in 8. v. b.*

563 Hugonis Grotii Annales & Hiftoriæ de Rebus Belgicis. *Amft. Blaeu.* 1658. *in 12. v. b.*

564 Annales & Hiftoires des Troubles des Pays-Bas, par Hugo Grotius. *Paris* , *Léonard.* 1672. *in fol. v. b.*

565. Mémoires pour fervir à l'Hiftoire des Provinces unies des Pays-Bas, par Aubry du Mouriez, avec des notes, par Amelot de la Houffaye. *Lond. (Paris)*, 1754. 2 *vol. in 12. v. b.*

566 Etat préfent de l'Efpagne avec la Géographie du Pays, l'établiffement de la Monarchie, fa Décadence, fon Rétabliffement ; & les Prérogatives de la

Couronne le rang des Princes, des Grands, &c. Par l'Abbé de Vayrac, *Amst. Wytwerf.* 1719. 2 vol. *in* 12. *v. b.*

567. Histoire Générale d'Espagne, traduite de l'Espagnol du P. Jean de Mariana avec des nottes, par le Pere Joseph Nicolas Charenton, & une Dissertation sur les Monnoyes d'Espagne, par M. Mahudel. *Paris, le Mercier.* 1725. 6 *vol. in* 4. G. P. *fig. v. b.*

568 Histoire Générale d'Espagne, tirée de Mariana, & d'autres Autheurs célébres, & publiée par l'Abbé de Bellegarde; avec figures. *Paris, Huart.* 1723. 9° *vol. in* 12. *v. f.*

569 Histoire des Révolutions d'Espagne, par le Pere Joseph d'Orléans. *Paris, Rollin.* 1737. 5 *vol. in* 12. *v. f.*

570 Mémoires pour servir à l'Histoire d'Espagne sous le Regne de Philippes V. par le Marquis de S. Philippes. *Amst.* (*Paris*) 1756. 4 *vol. in* 12. *v. b.*

571 Histoire des Révolutions de Portugal, par l'Abbé de Vertot. *Paris, Nyon.* 1730. *in* 12. *v. b.*

572 Histoire d'Angleterre, par Paul de Rapin Thoyras. *La Haye,* (*Paris*) 1749. 16 *vol. in* 4. *v. m.*

573 Histoire des Révolutions d'Angleterre, par le Pere d'Orléans. *Paris, Giffart.* 1750. 4 *vol. in* 12. *v. b.*

574 Histoire de Marie Stuard, Reine d'Ecosse & de France. *Lond.* (*Paris*), 1742. 2 *vol. in* 12. *v. b.*

575 Histoire de la Maison de Stuart sur le Trône d'Angleterre, par M. Hume. *Lond.* (*Paris*), 1760 3 *vol. in* 4. *v. b.*

576 Histoire de la Maison de Tudor sur le Thrône d'Angleterre, par M. David Hume. *Amst.* (*Paris*), 1763. 2 *vol. in* 4. *br.*

577 Abrégé de la Vie de Jacques II. Roi de la Grande Bretagne, traduit de l'Anglois du Pere Franc. Sanders, par le Pere Franc. Bretonneau. *Paris, Imp. Royal.* 1703. *in* 12. *v. b.*

578 Olai Magni Gentium Septentrionalium Historiæ

Breviarium. *Amst. Ravestein.* 1669 *in* 12. *v. b.*

579 Joannis Adlzreitter, Annalium Boicæ Gentis Partes III, cum Prefatione Godefridi Leibnitii. *Francof. ad Mœn. Gleditsch.* 1710. *in fol. v. b.*

580 Abrégé Chronologique de l'Histoire du Nord, par la Combe. *Paris, Hériffant.* 1762. 2 *vol. in* 8. *v. b.*

581 Introduction à l'Histoire de Dannemarck, par M. Mallet. *Copenhague.* 1755. *in* 4. *v. b.*

582 Monumens de Mythologie & de la Poëfie des Celtes, & des Anciens Scandinaves pour fervir de fupplément à l'Introduction à l'Histoire de Dannemarck, par M. Mallet *Copenhague, Philibert.* 1756. *in* 4. *v. b.*

583 Histoire de Dannemarck, par M. Mallet. Tome I. *Copenhague philibert.* 1758 *in* 4. *v. b.*

584 Histoire des Révolutions de Suéde, par l'Abbé de Vertot. *Paris, Nyon* 1730. 2 *vol. in* 12. *v. b.*

585 Histoire de Charles XII. Roi de Suéde, par M. de Voltaire. *Bafle, (Rouen)* 1733. 2 *vol. in* 12 *v. f.*

586 Histoire de Pierre Premier furnommé LE GRAND, Empereur de toutes les Ruffies. &c. *Amst. Arkftée.* 1742. 3 *vol. in* 12. *fig. v. m.*

587 Histoire Générale de Pologne, par le Chevalier de Solignac, *Paris, Hériffant* 1750 4 *vol. in* 12 *v. b.*

588 Histoire des Révolutions de Pologne, depuis le commencement de la Monarchie, jufqu'à la Mort d'Augufte II. par l'Abbé Desfontaines. *Amst. Lhonoré* 1735. 2 *tom. en* 1 *vol. in* 12. *v. b.*

589 Histoire de Jean Sobieski, par l'Abbé Coyer. *Paris, Duchefne* 1761. 3 *vol. in* 12. *v. b.*

590 Defcription de l'Ukranie, ou de plufieurs Provinces du Royaume de Pologne ; avec la façon de vivre de ces Peuples & leur maniére de faire la Guerre, par le fieur de Beauplan. *Rouen, Cailloüé.* 1660. *in* 4. *v. vieux.*

591 Mémoires pour servir à l'Histoire de Brandebourg. 2. 10
1751 3 vol. in 12. v. b.

592 Histoire & Description Ancienne & Moderne du 2-19
Royaume de Hongrie, & des Etats qui lui font
tributaires *Paris, de Sercy* 1688. in 12. v. b.

593 Franc. Foris Otrokocsi, Origines Hungaricæ, ex 1
monumentis & linguis præcipuis editæ. *Franequeræ*,
Strik. 1693. in 8. v. b.

594 Antonii Bonfinii Rerum Hungaricarum Decades 1
IV. *Basileæ ex Officinâ*, Oporin. 1568. in fol. v.
vieux.

595 Nicolai Isthuanffii, Historia Regni Hungarici, 5
cum auctario usque ad annum 1718,per Joan. Jacob.
Ketteler. *Coloniæ Agrippinæ, Rommerskirchen.* 1724.
in fol. v. b.

596 Matthiæ Bel Notitia Hungariæ novæ, Historico 30. 4
Géographica in Partes IV. Quarum I. Hungariam
cis-Danubianam, Altera Trans Danubianam, Tertia
cis-Tibiscanam, Quarta, Trans-Tibiscanam, uni-
versim XLVIII. Comitatibus Designatam expro-
mit; cum Tabulis Geographicis, & figuris æneis.
Viennæ, Austriæ, Straubius 1735. 4 vol. in fol. fig. v. b.

597 Matthiæ Belii, scriptores rerum Hungaricarum 36
veteres ac genuini, ex mss. codd. & rarissimis edi-
tionibus excerpti, cum variantibus lectionibus ac
notis, ad nostra usque tempora continuati, curâ &
studio Joan. Georg. Schwandtneri *Vindobonæ Kraus.*
1746. 3 vol. in fol. v. b.

598 Pannoniæ Historia Chronologica, res per Unga- 1. 10
riam & Transylvaniam gestas continens; necnon
Icones Regum Ducum & Procerum ejusdem militiæ,
in æs Incis. à Theodoro de Bry. *Francof. ad Mænum*
1596 in 4. fig. velin

599 Histoire Générale des Troubles de Hongrie & de
Transylvanie, par Martin Fumée. *Paris, Fouët.* 1608
2 vol. in 4. v. vieux.

G

600 Hiſtoire des Troubles de Hongrie. *Amſt Mortier.* 1686. 4 *vol. in* 12. *v. b.*

901 Hiſtoire des Révolutions de Hongrie, depuis l'an 1000, juſqu'en 1699. *La Haye* 1739 6 *vol. in* 12 *v f.*

602 Hiſtoire du Miniſtere du Cardinal Martinuſius, Primar & Régent du Royaume de Hongrie. *Paris, Compagnie.* 1715. *in* 12. *v. m.*

603 Mémoires pour ſervir à la Vie d'Eméric Comte de Tekeli. 1693. *in* 12. *v. b.*

604. Campagnes de M. le Prince Eugene en Hongrie, & des Vénitiens dans la *Morée.. Amſt.* (*Rouen*). 1730. 2 *vol. in* 12. *v f.*

605 Deſcription de la Livonie, avec l'Origine, Progrès & Décadence de l'Ordre Teutonique. *Utrecht* (*Rouen*) 1705. *in* 12. *v. b.*

Hiſtoire des Pays-Etrangers hors de l'Europe.

606 Hiſtoire des Arabes, ſous le Gouvernement des Califes par l'Abbé de Marigny. *Paris veuve Eſtienne.* 1750. 4 *vol. in* 12. *v. b.*

607 Hiſtoire des Révolutions de l'Empire des Arabes, Par l'Abbé de Marigny. *Paris, Giſſey.* 1750 4 *vol, in* 12. *v. b.*

608 Etat Général de l'Empire Ottoman, traduit en François, par M. Pétis de la Croix. *Paris, Hériſſant.* 1695. 3 *vol. in* 12. *v. b.*

609 Hiſtoire de l'Etat préſent de l'Empire Ottoman; contenant les Maximes Politiques des Turcs, leur Religion, Diſcipline Militaire &c. Trad. de l'Anglois de Ricaut, par Briot. *Paris, Cramoiſy.* 1670. *in* 4. *v. b. fig. de Seb. le Clerc.*

610 Hiſtoire des Turcs, trad. du Grec de Chacondyle, en François, par Blaiſe de Vigenere, avec la continuation de Thomas Artus, S. d'Embry. *Paris, Cramoiſy.* 1663. 2 *vol. in fol. G. P. v. b.*

611 Hiſtoire de l'Empire Ottoman, par le Prince Dé-

met. Cantimir, trad. en François, par de Joncquieres *Paris, Le Clerc.* 1743. 4 *vol. in* 12. *v. f.*

612 Hiſtoire du Regne de Mahomet II. par le ſieur Guillet. *Paris, Thierry* 1681. 2 *vol. in* 12 *v. b.*   1·15

613 Hiſtoire des Trois Derniers Empereurs Turcs, depuis 1623, juſqu'à 1677, trad. de l'Anglois du ſieur Ricaut. *Paris,* 1682. 4 *vol. in* 12. *v. b.*   1·10

614 Hiſtoire de Saladin Sultan d'Egypte & de Syrie, par M. Marin. *Paris. Tilliard.* 1758. 2 *vol. in* 12. *v. b.*   3

615 Hiſtoire de Georges Caſtriot, ſurnommé SCANDER-BEG Roi d'Albanie, par Jacques de Lavardin. *Paris, Chaudiere,* 1576. *in* 4. *v. b.*

616 Hiſtoire de Scanderbeg Roi d'Albanie, par le Pere du Poncet. *Paris, Mariette,* 1709. *in* 12. *v. m.*   2·1

617 Relation de la Grande Tartarie, *Amſt. Bernard.* 1737. *in* 12. *v. m.*   1·18

618 Eſſai ſur les Troubles de Perſe & de Géorgie *Paris, Deſaint,* 1754. *in* 12. *v. b.*   1

619 Hiſtoire du Grand Tamerlanes, où ſont deſcrits les Rencontres, Eſcarmouches, Siéges, Aſſaults, Batailles, & Stratagêmes de Guerres, conduites & miſes à fin pendant ſon regne de quarante à cinquante Ans, avec des Inſtructions pour ceux qui veulent atteindre à la Science des Armes, tirée des Monumens Antiques des Arabes, par Jean du Bec. *Paris, Guillemot,* 1612. *in* 12. *v. b.*   12

620 Hiſtoire de Tamerlan, par le Pere Margat. *Paris, Guérin,* 1739. 2 *vol. in* 12 *v. m.*   2·13

621 Hiſtoire de Thamas Kouli-Kan & de la derniere Révolution de Perſe en 1732. *Paris, Briaſſon,* 1742. *in* 12 *v. b.*   2

622 Hiſtoire Générale des Huns, des Turcs, des Mogols, & des autres Tartares Occidentaux, avec une Introduction pour l'Hiſtoire des Princes qui ont regné   44·4

dans l'Afie, par M. de Guignes. *Paris, Defaint,* 1756. 5 *vol. in* 4 *v. b.* **60.**

1. 10 **623** Trois petits Manufcrits Chinois, *de forme in* 8 *fur papier du Levant, brochés.*

8 **624** Nouvelle Relation de l'Afrique Occidentale, par le Pere Labat. *Paris, le Gras,* 1728. 5 *vol. in* 12 *v. b.*

7. 7 **625** Relation hiftorique de l'Ethiopie Occidentale, par le Pere Labat. *Paris, Delefpine,* 1732. 5 *vol. in* 12 *v. b.*

4. 19 **626** Lettres édifiantes & curieufes fur la Vifite Apoftolique de M. de la Baume Evêque d'Halicarnaffe à la Cochinchine en 1740, avec les travaux des Miffionnaires, &c. pour fervir de Continuation aux Mémoires du Pere Norbert, par M. Favre. *Venize, Barzotti,* 1746. *in* 4 *v. m.*

12. 19 **627** Mœurs des Sauvages Amériquains, comparées aux mœurs des premiers tems, par le Pere Lafitau. *Paris, Saugrain,* 1724. 2 *vol. in* 4 *v. f.*

3 **628** Hiftoire des Incas, Rois du Pérou; trad. de l'Efpagnol de Garcilaffo de la Véga. *Paris, Prault,* 1744. 2 *vol. in* 12 *v. m.*

Généalogies, Blafons, &c.

2 **629** Mémoires fur l'ancienne Chevalerie, confidérée comme un étabiiffement politique & militaire. 1753. *in* 4 *v. b.*

3. 1 **630** Mémoire fur l'ancienne Chevalerie, par M. de la Curne de Sainte Palaye. *Paris, Duchefne,* 1759. 2 *vol. in* 12. *v. m.*

Antiquités, Rites, Ufages & Coutumes des Anciens.

3 **631** Hiftoire du commerce & de la Navigation des Anciens, par M. Huet. *Paris, Fournier,* 1716. *in* 12 *m. rouge.*

1. 1 **632** Explication abregée des Coutumes & Cérémo-

nies obſervées chez les Romains , trad. du latin de
M. Nieupoort. *Paris, Deſaint* , 1741. *in* 12 *v. b.*

633 Diſſertation ſur les Droits des Métropoles Grec-
ques ſur les Colonies, qui a remporté le prix de
l'Académie Royale des Inſcriptions en 1745 , Par
M. de Bougainville. *Paris, Deſaint,* 1745. *in* 12 *v. m.*

634 Eſſai ſur les meſures longues des Anciens , par
feu M. Fréret, tiré du Tome XXIV de l'Académie
des Belles-Lettres. *Paris,* 1756. *in* 4 *v. m.*

635 Jacobi Gronovii Theſaurus Antiquitatum Græ-
carum, cum figuris æneis. *Lugd. Batav. Vander
Aa,* 1697. 13 *vol. in fol. fig. v. b.*

636 Joan. Georgii Grævii Theſaurus Antiquitatum
Romanarum, cum figuris æneis. *Lugd. Bat. Halma,*
1694. 12 *vol. in fol. fig. v. b.*

637 Samuelis Pitiſci Lexicon Antiquitatum Romana-
rum, cum figur. æneis. *Leovardiæ , Halma,* 1713.
2 *vol. in fol. fig. v. b.*

638 Alb. Henr. de Sallengre Theſaurus Novus Anti-
quitatum Romanarum , cum figuris æneis. *Hag.
Comit. du Sauzet ,* 1716. 3 *vol. in fol. fig. v. m.*

Inſcriptions & Marbres antiques.

639 Jani Gruteri Inſcriptiones Romanæ , cum Indici-
bus & Notis Joſ. Scaligeri & Velſeri. *Ex Bibliopo-
lio Commeliniano ,* 1616. *in fol. v. b.*

640 Thomæ Reineſii Syntagma Inſcriptionum Anti-
quarum Romæ veteris ; ſive Supplementum operis
Jani Gruteri, cum Commentariis. *Lipſiæ & Fran-
cofurti, Fritſchius ,* 1682. *in fol. v. b.*

Médailles , Monnoyes , Meſures , Poids , & Collections d'Antiquités , Edifices publics , Ruines , &c.

641 Enſayo ſobre los Alphabetos de las Letras Deſ-
conocidas, que ſe encuentran en las mas antiguas

Medallas, por Dom Luis Joseph Vélasquez. *Madrid, Sanz*, 1752. *in 4 v. m.*

9. 16 642 La Science des Médailles par Jobert, avec les remarques historiq. & critiq. du Baron de la Bastie. *Paris, Debure l'aîné*, 1739. 2 vol. *in 12 fig. v. b.*

3. 19 { 643 Dissertatio Trilinguis de Aurelii Sulpicii Antonini Numismat. 1757. *in 8 broché.*

644 Histoire des Rois de Thrace & de ceux du Bosphore Cimmérien, éclaircie par les Médailles, par M. Cary. *Paris, Desaint*, 1752. *in 4 v. b.*

66 645 Recueil d'Antiquités Egyptiennes, Etrusques, Grecques & Romaines, par M. le Comte de Caylus. *Paris, Desaint & Tilliard*, 1752 & *ann. suiv. 5 vol. in 4 fig. v. b.*

6. 8 646 Essai sur les Hiéroglyphes des Egyptiens, trad. de l'anglois de Warburthon. *Paris, Guérin*, 1744. 2 *vol. in 12 v. b.*

1. 19 647 Mémoire, dans lequel on prouve que les Chinois font une Colonie Egyptienne, par M. de Guignes. *Paris, Desaint*, 1759. *in 12 v. b.*

18. 10 648 Antiquités Egyptiennes, Grottes d'Antiparos; Vue du Mont Ætna & Vues de Constantinople. *Grand in fol. gravé, relié en carton.*

19 649 Antiquités d'Athénes. *Grand in fol. gravé, relié en carton.*

49. 3 650 Les Ruines des plus beaux Monumens de la Gréce, par M. le Roy. *Paris, Guérin*, 1758. *Grand in fol. fig. v. m.*

72. 1 651 Les Ruines de Palmyre : autrement dite Tedmor au Désert. *Londres, Millar*, 1753. *Grand in fol. fig. v. f.*

1. 10 652 Jacobi Lauri Antiquæ Urbis Splendor, hoc est, Præcipua ejusdem Templa, Amphitheatra, Circi, Arcus Triumphales, &c. in æs incisa, cum explicationibus. *Roma*, 1612. *in 4 fig. obl. vélin.*

Histoire Littéraire, Académique & Bibliographique.

653 Julii Pontederæ Antiquitatum Latinarum Græcarumque enarrationes atque emendationes. *Patavii,* *Manfré,* 1740. *in* 4 *v. m.*   3. 17

654 Réfléxions sur l'Alphabet & sur la Langue dont on se servoit autrefois à Palmyre, par l'Abbé Barthélemy. *Paris, Guérin.* 1754. *in* 4 *v. b.*   4. 13

655 Histoire & Mémoires de l'Académie Royale des Inscriptions & Belles-Lettres. *Paris, Impr. R.* 1736. 28 *vol. in* 4 *v. b.*   289.

656 Le Tome XXI des Mémoires de l'Académie des Inscriptions & Belles-Lettres. *in* 4 *non relié.*   6. 19

657 Les XXV. XXVI. XXVII & XXVIII₋. Tomes des Mémoires de l'Académie des Inscriptions & Belles-Lettres. 4 *vol. in* 4 *non reliés.*   41. 12

658 Les XXVII. & XXVIIIe Tomes des Mémoires de l'Académie des Inscriptions & Belles-Lettres. 2 *vol. in* 4 *non reliés. Deux Exemplaires.* 19ᵗ 10   19. 12

659 Histoire de l'Académie Royale des Inscriptions & Belles-Lettres, avec les éloges des Académiciens, par M. Claude Gros de Boze. *Paris, Guérin,* 1740. 3 *vol. in* 8 *v. m.*   4. 15

660 Histoire de l'Académie Royale des Belles-Lettres, depuis les années 1744 à 1751, contenant les extraits d'une partie des Dissertations, lues dans le cours de ces années, faits & publiés par M. de Bougainville. *Paris, Imprimerie Royale, in* 4. *v. éc.*   4. 10

661 Histoire de l'Académie Françoise, par MM. Pelisson & d'Olivet. *Paris, Coignard,* 1743. 2 *vol. in* 12. *v. b.*   3. 12

662 Eloges des Académiciens morts dans les années 1741, 1742, 1743, par M. de Mairan. *Paris, Durand,* 1747. *in* 12. *v. m.*

663 Eloges des Académiciens de l'Académie des Belles Lettres, morts depuis l'année 1749, jusques   2

& compris 1754, par M. de Bougainville. *Paris,*
Impr. Royal. 1759. *in* 4. *v. b.*

664 Eloges Historiques des Académiciens , par M. de
Fontenelle. *Paris, Brunet,* 1742. 2 *vol. in* 12. *v. f.*

665 Jugement de l'Académie Royale de Prusse, sur une
Lettre prétendue de M. Leibnitz. *Berlin,* 1752. *in* 8.
v. b.

666. Jo. Lamii Deliciæ Eruditorum , seu Veterum
Anecdot. Opusculorum Collectanea Gr. Lat. *Floren-*
tiæ , Viviani, 1744. *in* 8. *v. b.*

667 Nouveaux Mémoires d'histoire, de Critique & de
Littérature , par l'Abbé d'Artigny. *Paris, Debure*
l'aîné , 1749 , *& ann. suiv.* 6 *vol. in* 12. *v. b.*

668 Mêlanges de Littérature, d'Histoire & de Philoso-
phie, par M. Dalembert. *Amst.* (*Paris*), 1759. 4 *vol.*
in 12. *v. b.*

669 Miscellanea ; ou Recueil de Piéces sur différentes
Matieres de Littérature & d'Histoire, &c. *reliés en-*
semble , & formant deux vol. in 4. *v. b.*

670 Histoire Littéraire de la France , par des Religieux
Bénédictins. *Paris , Osmont ,* 1733 , *& ann. suiv.* 9
vol. in 4. *v. f.*

671 Bibliothéque Françoise, ou Histoire de la Littéra-
ture Françoise , par l'Abbé Goujet. *Paris, Mariette,*
1741. 16 *vol. in* 12. *v. b.*

672 Bibliothéque Historique & Critique du Poitou,
par M. Dreux du Radier. *Paris , Ganeau,* 1754. 5
vol. in 12. *v. b.*

673 Histoire des Ouvrages des Savans, par M. Basnage
de Beauval. *Amsterd. le Cene ,* 1721. 24 *vol. in* 12.
v. b.

674 Nouvelles de la République des Lettres, par Bayle,
depuis le mois de *Mars* 1684 , jusques & compris le
mois de *Janvier* 1718. *Amst. Mortier,* 1715. 56 *vol.*
in 12. *v. b.*

675 Histoire Critique de la République des Lettres.
Utrecht , Guill. Poolsum, 1715. 15 *vol. in* 12. *v. b.*

676

676 Nouvelles Littéraires de la République des Lettres. 6·13
   La Haye, du Sauzet, 1715. 11 vol. in 12. v. f.

677 Bibliothéque Ancienne & Moderne, par Jean le
   Clerc. Amst. Mortier, 1714. 29 vol. in 12. v. b.

678 Bibliothéque Choisie, par Jean le Clerc. Amst.
   Westein, 1718. 28 vol. in 12. v. b. ⎫ 69

679 Bibliothéque Universelle & Historique. Amsterd.
   Schelte, 1700. 25 vol. in 12. v. b.

680 Journal Etranger, depuis Janvier 1760, jusques 6·10
   & compris Août 1762. 16 vol. in 12. v. b.

681 Journal Littéraire. La Haye, 1715. 22 vol. in 12. 4. ⎰
   v. f.

682 Mémoires Historiques, Critiques & Littéraires 1·12
   Amst. Bernard, 1722. 4 vol. in 12. v. b.

683 Bibliothéque Italique Littéraire. Geneve, Bous- ⎰
   quet, 1728. 18 tom. en 9 vol. in 12. v. f.

684 Bibliothéque Germanique Littéraire. Amst. Hum- 19·10
   bert, 1720. 50 tom. en 25 vol. in 12. v. f.

685 Mémoires Littéraires de la Grande Bretagne, par
   M. de la Roche. La Haye, Vaillant, 1720. 16 vol. 7·8
   in 12. v. f.

686 Bibliothéque Angloise Littéraire, par M. de la 9
   Roche. Amsterd. de Coup, 1729. 15 vol. in 12. v. b.

687 Catalogue des Livres imprimés & Manuscrits de
   la Bibliothéque du Roy. Paris, Impr. Royale, 1739. 150·1
   & ann. suiv. 10 vol. in fol. v. m.

688 Catalogue des Livres de feu M. Lancelot, par Gab. 2·2
   Martin. Paris, Martin, 1741. in 8. avec les Prix
   de la vente.

689 Catalogue des Livres de la Bibliothéque de Feu
   M. l'Abbé de Rothelin, par G. Martin. Paris 1746. 17·19
   in 8. v. b.

690 Catalogue des Livres du Cabinet de Feu M. de ⎰
   Boze, par G. Martin. Paris, Martin. 1753. in 8.
   v. b.

691 Catalogue des Livres de Feu M. Secousse. Paris, 7·16
   Barrois. 1755. in 8. v. b.

H

Vies des Hommes Illuftres, Anciens & Modernes

43.   692 Plutarchi Chæronenſis Opera omnia, Græcè, ex
       editione Henr. Stephani. *Typis ejud. Stephani* 1572.
       6 vol. *in* 8. *v. m.*

20. 15 693 Œuvres Morales & meslées de Plutarque, trad.
       en François par Jacq. Amyot. *Paris, Vafcofan.* 1574.
       7 vol. *in* 8. *v. f.*

36. 1 694 Les Vies des Hommes Illuftres de Plutarque,
       trad. du Grec en François avec des remarques, par
       M. Dacier, & les portraits des Grands Hommes.
       Amft. Chatelain. 1735. 10 vol. *in* 12 *fig. m. rouge*

6   695 Décade contenant les Vies de X. Empereurs ob-
       miſes par Plutarque, & extraites de pluſieurs Au-
       theurs, par Ant. Allegre. *Paris, Vafcofan..* 1567.
       in 8. *v. b.*

28. 19 696 Diogenis Laertii de Vitis & Dogmatibus Philoſo-
       phorum Gr. Lat. cum notis variorum, ex editione
       verò Ægidii Menagii, cum Indicibus. *Amftel. Wef-
       tein,* 1692. 2 vol. *in* 4. *v. b.*

1. 12 697 Les Vies d'Epicure, de Platon, & de Pythagore,
       trad. en françois. *Amft. (Paris),* 1752. *in-*12. *v. b.*

       698 La Vie de Socrate, trad. de l'anglois. *Amfterd.*
       (Paris) 1751. *in-*12. *v. b.*

       699 Vies des Poëtes Grecs, par M. le Févre, *Saumur*
       de Lefpiniere, 1664. *in-*12. *v. f.*

       700 Les Vies des anciens Orateurs Grecs, avec des
       réflexions ſur leur éloquence. *Paris, Nyon,* 1751.
5   2 vol. *in-*12. *v. b.*

       701 Hiftoire de Cicéron, tirée de ſes écrits & des
       Monumens de ſon ſiécle, par l'Abbé Prévoft. *Pa-
       ris, Didot,* 1743. 4 vol. *in-*12. *v. m.*

       702 Petri Gaffendi de vitâ & moribus Epicuri, Li-
2.   bri VIII. *Hag. Comitum, Ulacq.* 1656. *in·*4. *v. f.*

       703 Pauli Jovii Vitæ & elogia Virorum Illuftrium.

Florentiæ, Torrentinus, 1549 & 1551. 2 *vol. in-fol. v. vieux.*

704 Cl. Peleterii vita, nec non Petri Pithœi, accurante Joan. Boivin. *Parisiis, Jouenne.* 1716 *in-*4. *v. b.*

705 La Vie de Grotius, avec l'histoire de ses Ouvrages & de ses Négociations, par M. de Burigny. *Paris, Debure l'aîné,* 1752. 2 *vol. in-*12. *v. m.*

1·17

Extraits, Collections & Dictionnaires Historiques.

706 Cl. Æliani Sophistæ varia historia, gr. lat. cum notis integris Conr. Gesneri & aliorum, edente Abrahamo Gronovio. *Lugdun. Batav. Luchtmans,* 1731, 2 *vol. in-*4. *v. b.*

19·

707 Valerii Maximi dictorum factorumque memorabilium, Libri IX. cum notis. *Roterodami, Leers,* 1662. *in-*12. *v. b.*

1·8

708 Valere Maxime, en latin & en françois. *Lyon, Molin,* 1700. 2 *vol. in-*12. *v. b.*

2·

709 Valere maxime, trad. en françois, avec des remarques. *Paris, Brunet,* 1713. 2 *vol. in-*12. *v. b.*

710 Dictionnaire historique & critique, par Pierre Bayle, avec la Vie de cet Autheur, par M. Desmaizeaux. *Amsterd. Brunel,* 1740. 4 *vol. in-fol v. m.*

56·19

711 Dictionnaire Historique-Portatif, par l'Abbé Ladvocat. *Paris, Didot,* 1755. 2 *vol. in* 8. *v. m.*

6·4

F I N.

Lu & approuvé le présent Catalogue le 30 *Juillet* 1763. *Signé* Leclerc, *adjoint.*

Les numeros 291 & 542 ne seront pas vendus.

Les Livres feront expofés dans l'ordre qui fuit : fçavoir ;

Lundy 8 Août.

Théologie , depuis le	N. 1 jufqu.	11.
Jurifprudence.	51	63.
Sciences & Arts.	74	89.
Belles-Lettres.	169	193.
Hiftoire.	393	430.

Mardy 9 Août.

Théologie.	12	23.
Jurifprudence.	64	73.
Sciences & Arts.	90	107.
Belles-Lettres.	194	217.
Hiftoire.	431	468.

Jeudy 11 Août.

Théologie.	24	37.
Sciences & Arts.	108	121.
Belles-Lettres.	218	243.
Hiftoire.	469	515.

Vendredy 12 Août.

Théologie.	38	50.
Sciences & Arts.	122	137.
Belles-lettres.	244	286.
Hiftoire.	516	546.

Samedy 13 Août.

Sciences & Arts	138	146.
Belles-lettres.	287	324.
Hiftoire.	547	605.

Mercredy 17 Août.

Sciences & Arts.	147	159.
Belles Lettres.	325	356.
Hiftoire.	606	652.

Jeudy 18 Août.

Sciences & Arts.	160	168.
Belles-Lettres.	357	392.
Hiftoire.	653	711.